Baby- und Kinder-Spiele

Bildnachweis T. Gorgas, München: S. 7; L. Mitterwallner, München: S. 19, 76, 95, 136, 186; C. Rehm, Stockdorf: U1, S. 10, 11, 24, 31, 33, 44, 48, 66, 72, 107, 115, 118, 124, 126, 131, 145, 153, 155, 156, 160, 169; P. Ruggiero, München: S. 6, 122, 133, 164, 173; U. Schüttfort, Hamburg: S. 65, 79; H. Seidenabel, München: S. 12, 33 u., 75, 82, 97, 109, 128, 146, 159; Tony Stone, München: S. 8 (F. Alison).

Kinder fördern · Die Reihe mit dem Känguruh

Herausgegeben von Dr. Horst Speichert und Bernhard Schön

Über die Autorin Karin Mönkemeyer war Gründungsredakteurin der Zeitschrift „spielen und lernen", später leitete sie die Redaktion der Zeitschrift „Sesamstraße", bevor sie bei einer führenden Elternzeitschrift lange Jahre an hervorragender Stelle Kinderthemen betreute. Seit 1988 arbeitete sie als freie Autorin in Hamburg. Von ihr stammen u. a. die Bücher „Schon Babys schwimmen mit Vergnügen" und „Spiele für alle fünf Sinne".

Illustrationen Marion Kopp, München

4. Auflage 1999

Lektorat Sylvia Winnewisser, M.-L. Lutz, Horst Speichert
Redaktion Monika Sattrasai
Umschlaggestaltung Elisabeth Petersen, Glonn, unter Verwendung eines Fotos von Claudia Rehm, München
Layout/Satz AVAK Publikationsdesign, München
Druck und Bindung Westermann Druck Zwickau GmbH

Printed in Germany
Gedruckt auf chlor- und säurearmem Papier

ISBN 3-517-06089-5

Karin Mönkemeyer

Baby- und Kinderspiele

333 erprobte Spielideen, damit Kinder sich entwickeln können. Spielprogramme, die Eltern und Kindern Spaß machen.

Südwest

KINDER FÖRDERN

Inhalt

Vom ersten Lächeln zum schallenden Gelächter 6

Im ersten Jahr 9

Zärtlichkeit von Anfang an 10
Die schönsten Spiele für die ersten sechs Wochen 13
Die schönsten Spiele von der siebten bis zur zwölften Woche 17
Die schönsten Spiele für das zweite Vierteljahr 23

Krabbelnd erobert Baby sich die Welt 32
Die schönsten Spiele für das zweite Halbjahr 32

Im zweiten Jahr 49

Das Kind genießt jetzt Schwung und Tempo 50
Am Strand 59
Im Schwimmbad 60
Erste Erfahrung im Schnee 64

Mit Melodie und Rhythmus 66
Rhythmus und Verse 67

Auf dem Weg zum Sprechen und Verstehen 72

Erstes Ordnen und Gestalten 74
Bauen und Legen 76

Im dritten Jahr 83

Das Kind entdeckt den eigenen Willen 84

Auf den bunten Flügeln der Phantasie 94
Phantasie-Spiele 94
Gestalten 99

Mut und Kraft machen selbstbewußt 108
Eltern als Turnpartner 109
Spiele im Wasser 113

Jetzt klappt schon ein Zusammenspiel 115
Gruppen-Spiele am Tisch 116
Gruppen-Spiele im Zimmer 120
Gruppen-Spiele im Freien 123

Im vierten und fünften Jahr 129

Wenn Rollen-Spiele die Hauptrolle spielen 130
Das klassische Rollen-Spiel: Mutter und Kind 132
Andere Rollen, die für Spiele interessant sind 137
Mehr als ein Rollen-Spiel: Doktor-Spiele 146
Autos und Eisenbahnen 149
Ganz verschiedene Puppen für Rollen-Spiele 152
Rollen-Spiele mit gekauften Spielfiguren 158

Im sechsten Jahr 161

Spielen und Lernen an der Schwelle zur Schulzeit 162
Spiele in und mit der Zeit 165

Wett-Spiele 172

Soll man Kinder gezielt auf die Schule vorbereiten? 185

Anhang: Checklisten 188
Einrichtungs-Check 188
Verhaltens-Check 189
Spielplatz-Check 190

Register 192

Vom ersten Lächeln zum schallenden Gelächter

Wenn aus dem Lächeln ein Glucksen wird ...

Die meisten Eltern warten ungeduldig auf das erste Lächeln ihres Kindes. Es zeigt das freudige Wiedererkennen eines vertrauten Gesichtes, beweist Wohlbehagen, Bestätigung der elterlichen Fürsorge und die Fähigkeit, freundlichen Kontakt zu knüpfen. Kein Wunder, daß es Eltern glücklich macht.
Meistens läßt das Kind die Eltern auch nicht allzu lange warten. Oft verzieht es das Gesicht schon in den ersten Wochen so, daß man ein sanftes Lächeln darin sehen kann. Ein wirkliches Anlächeln ist oft im dritten oder einem späteren Monat möglich.
Gleichgültig, wann ein Kind zum ersten Mal lächelt, fast immer wird es mit liebevoller Zärtlichkeit dafür belohnt. Und es ist eine wunderbare Bestätigung für das Baby, daß sein Lächeln beim Gegenüber Freude und neue zärtliche Zuwendung auslöst.
Ein älteres Baby lächelt nicht mehr nur leise. Es gluckst zuweilen laut auf, wenn man es kitzelt oder wenn man es über den Kopf hebt.

Bis ins dritte Lebensjahr hinein geben vor allem körperliche Impulse Anlässe zum Lachen, Jubeln und Jauchzen. Finger-, Kribbel- und Reiterspiele oder Rutschen und Schaukeln sind fast schon eine Garantie für lautes und fröhliches Gelächter.

Schon ein einjähriges Kind registriert, welches Verhalten die Großen zum Lachen bringt. Und bald setzt es dieses bewährte Mittel ein, um sich blitzschnell in den Mittelpunkt zu rücken. Wenn das geglückt ist, lacht es dann wieder selbst aus Freude über seinen Publikumserfolg.
Das Kind spürt auch schon, daß sein Lachen die Erwachsenen ansteckt, sie ihm gewogen macht, daß es mit einem lieben Lächeln mehr erreicht.

Lachen steckt an.

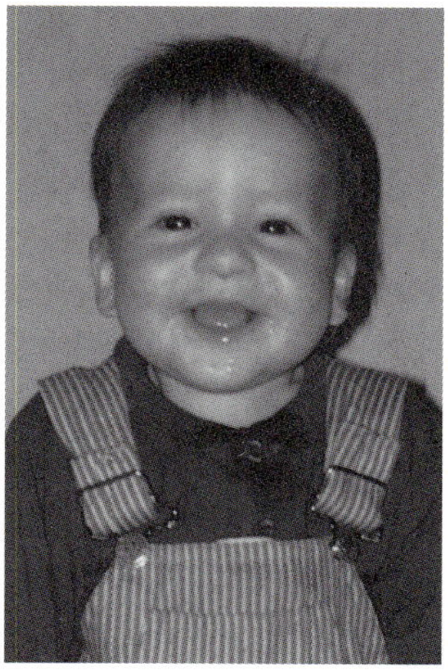

Das dreijährige Kind hat oft schon einen reichen Wortschatz und ein Wissen um die wesentlichen Merkmale der es umgebenden Dinge. Es weiß ganz sicher, daß Wasser nicht brennt, daß es im Boot nicht durch die Luft segeln kann und daß es zum Abendbrot keine Schuhsohlen zu essen gibt. Darum behauptet es solche Dinge augenzwinkernd und hat einen Heidenspaß daran, vor allem wenn andere auf seinen herrlichen Blödsinn eingehen.
Keine Frage, daß solche Spielereien nach dem Rezept der „verkehrten Welt" Wortschatz und Wissen festigen. Im Vordergrund aber bleibt der „Quatsch".
Das Kind sucht dann bald auch nach den eigenen komischen Seiten, will Faxen machen und Fratzen schneiden. Es will anders als gewöhnlich aussehen und andere damit überraschen, will sich verkleiden und schminken. Alle diese Spiele, von denen viele in diesem Buch beschrieben sind, werden von fröhlichem Kinderlachen begleitet.
Lassen Sie sich anstecken! Lassen Sie sich hineinziehen in den Spaß und die Begeisterung.
Dann können Sie es auch gelassen hinnehmen, wenn dabei mal etwas zu Bruch geht, wenn ein teurer Lippenstift beim Schminken zerbricht oder wenn Ihr eleganter Hut zerknautscht den Kopf Ihres Kindes verschönt. Humor ist bekanntlich, wenn man trotzdem lacht.

Wiesbaden
Der Herausgeber Dr. Horst Speichert

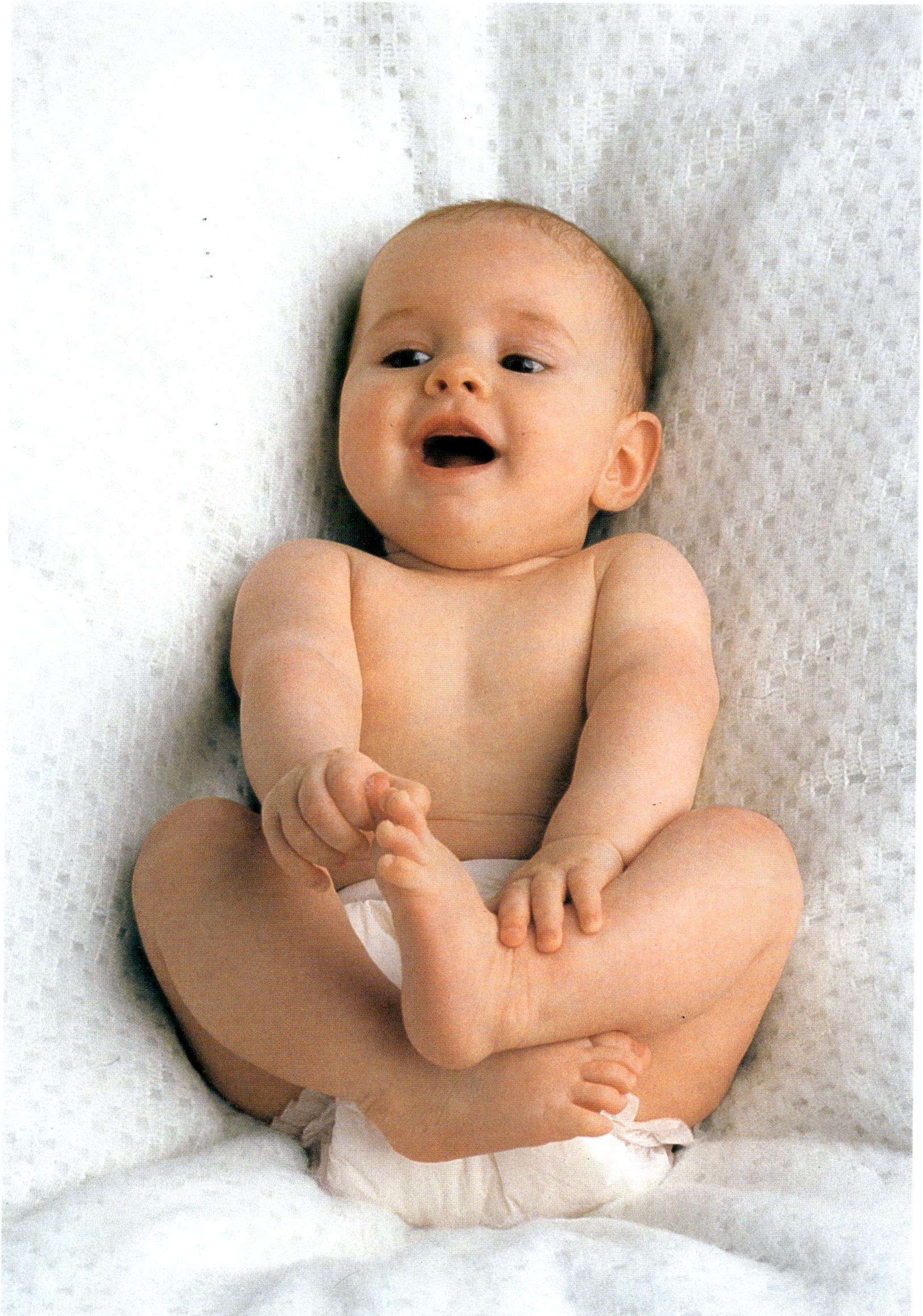

Im ersten Jahr

Zärtlichkeit von Anfang an 10

Die schönsten Spiele für
die ersten sechs Wochen 13

Die schönsten Spiele von der
siebten bis zur zwölften Woche 17

Die schönsten Spiele
für das zweite Vierteljahr 23

Krabbelnd erobert Baby sich die Welt 32

Die schönsten Spiele
für das zweite Halbjahr 32

Zärtlichkeit von Anfang an

Wird das Neugeborene angelegt, hört es den vertrauten Herzschlag wieder...

Er ist geboren, der neue Mensch. Sie halten ihn in den Armen und sind überglücklich. Sie sind die Eltern. Sie haben ihn gezeugt und geboren. Sie sind stolz. Zu Recht. Neun Monate lang waren Sie, die Mutter, eins mit ihm. Neun Monate lang hat das Kind stets Ihre Nähe gespürt, wußte: Ich bin nicht allein. Das ruhige Klopfen Ihres Herzens gab ihm Sicherheit. Und schlug Ihr Herz einmal etwas schneller, war es mit Ihnen erregt.

Ihr Baby war wohlig warm im Mutterleib. Das Fruchtwasser umspülte seinen Körper, als bekäme es eine ganz leichte Massage. Der Rhythmus Ihrer Bewegungen übertrug sich auf Ihr Kind wie der Rhythmus Ihres Tages. Es war wirklich eins mit Ihnen. Es durfte sich geborgen fühlen. Dann kam der erste große Schock im Leben dieses Menschen, die Geburt. Plötzlich sind Sie zwei, ist es allein, unwiderruflich von Ihnen getrennt.

Wie tröstlich, wenn Sie es dann gleich auf Ihren Bauch legen können. Da hört es den vertrauten Schlag Ihres Herzens wieder und kann sich ein wenig beruhigen. Da spürt es Ihre wohlig warme und weiche Haut, hört es die ihm vertraute Stimme besänftigende Worte sprechen. Und später, wenn Sie es stillen, wird es immer wieder so eine Zeit erleben, in der es sich fast wieder mit Ihnen vereint fühlt. Das macht es ruhig und läßt es sich sicher und geborgen fühlen. So viel Innigkeit wie beim Stillen verbindet Sie bei keiner anderen Beschäftigung mit Ihrem Kind.

Halten Sie das Kleine noch über das Stillen hinaus auf Ihrem Arm. Streicheln Sie es sanft, küssen Sie es. Schaukeln Sie es sacht auf Ihren Armen. Bewegen Sie sich ein wenig im Raum.

Und Väter? Nicht nur das Stillen bietet Zeit für Zärtlichkeiten. Auch beim Wickeln und beim Baden spielt der Hautkontakt eine wichtige Rolle. Schmusen können nicht nur Mütter. Auch Väter können das wunderbar und tun es oft mit ganzer Hingabe.
Zärtliche Zuwendung ist auch das bloße Anlächeln. Und was für ein Glück, wenn das Kind dann zum ersten Mal zurücklächelt!
Anfangs verzieht es nur das kleine Gesicht und möchte Ihr Lächeln nachahmen, schafft es aber noch nicht. Doch eines Tages ist es soweit! Und es wird dann immer wieder lächeln, wenn Sie es dafür belohnen, indem Sie dann immer noch eine Weile bei ihm bleiben und es liebkosen.
Zunächst schläft das Baby ja bis zu 21 Stunden am Tag. Abgesehen vom Stillen und Pflegen ist da täglich nur wenig Zeit für zärtliche Spiele.
Manchmal werden Sie sich fragen: Was für ein Mensch wird aus diesem kleinen, hilflosen Wesen werden?
Alles, was dieser Mensch einmal werden könnte, ist bereits

Und dann liegt es da, frisch gebadet und gewickelt, zärtlich gestreichelt und liebevoll gestillt. Es schläft und sieht einfach wunderbar aus.

Schon in den ersten Lebenstagen können Sie mit Ihrem Baby spielen und dabei erkunden, welches Temperament Ihr Kind hat, wie es mit seiner Aktivität und Ausdauer bestellt ist, wie genußfähig es sein kann. Das Neugeborene gebraucht alle seine fünf Sinne, und es sagt Ihnen auch schon einiges durch Gesten.

in ihm angelegt. Nur: Welche seiner vielen Anlagen sich tatsächlich entfalten, das steht noch in den Sternen.
Ein bißchen können Sie selbst dazu beitragen, daß sich die besten Anlagen, die dieses Kind in sich trägt, entwickeln. Vielleicht tragen Sie ein Bild in sich, wie es einmal werden sollte. Die besten Chancen geben Sie Ihrem Kind jedoch, wenn Sie begreifen, daß dieser kleine Mensch vor Ihnen mit diesem Wunschbild nichts zu tun hat.
Schauen Sie Ihr Kind offen an.
Hören Sie ihm zu, um herauszufinden, welcher Art die Begabungen sind, die in ihm schlummern und die darauf warten, geweckt zu werden.
Dabei meine ich nicht etwa in der Leistungsgesellschaft gefragte Talente wie Anpassungsfähigkeit, Fleiß und Intelligenz, sondern vielmehr die Begabungen zum Glücklichsein, zum befriedigenden Miteinander, zum Entwickeln von Idealen und zur Übernahme von Verantwortung, zu Selbstbewußtsein. Körperkraft und Geschicklichkeit, Intelligenz, Energie und Kreativität gehören aber auch dazu.

Die schönsten Spiele für die ersten sechs Wochen

Das Zwiegespräch

1

Senken Sie Ihr Gesicht nahe zum Gesicht des Babys. Schauen Sie es lange an. Zuerst ganz ruhig. Dann verziehen Sie Ihr Gesicht zu einem Lächeln, strecken Sie die Zunge raus. Irgendwann wird Ihr Kind auf Ihr Mienenspiel reagieren und sein Gesicht auch verziehen.

Musik-Spiel

2

Wir brauchen:
- **1 Kassettenrekorder**
- **1 Kassette mit besonders rhythmischer Musik**

Spielen Sie die Kassette an. Verändern Sie die Lautstärke ein wenig, aber erschrecken Sie Ihr Kind nicht damit. Reagiert es? Dreht es das Köpfchen hin und her, weil es bereits den Drang in sich spürt, die Klangquelle zu suchen? Reagiert es nur auf laute Töne? Reagiert es gar nicht? Im Zusammenhang mit noch weiteren Spielen sagt das alles schon etwas darüber aus, wie interessiert dieser kleine Mensch bereits ist und wie ausdauernd.

Genuß

3

Nehmen Sie die Hände Ihres Babys, und führen Sie diese an seinen Mund. Führt es diese Bewegung zu Ende, indem es den Daumen oder einen Finger in den Mund bringt und lustvoll zu saugen beginnt? Besonders wenn das Kind dies auch tut, wenn es gerade gestillt worden ist, läßt das auf entwickelte Genußfähigkeit schließen.

Pack zu!

4

Legen Sie Ihren Finger auf die Handfläche des Babys. Sofort schließt sich die kleine Hand, als wollte sie Ihren Finger ganz festhalten. Das ist der Greifreflex, der sich allerdings mit der Zeit verliert. Senken Sie Ihr Gesicht tief hinunter zum Babygesicht, und lächeln Sie es an. Vielleicht lächelt es sogar schon zurück!

5

Erste Licht-Spiele

Schalten Sie, wenn es abends anfängt, dunkel zu werden, nicht gleich das Licht ein. Lassen Sie den Dämmerschein durchs Fenster ins beinahe dunkle Zimmer fallen. Manchmal dreht Ihr Kind sein Gesicht hin zu dem milden Licht, das es liebt. Sie können das Bettchen auch so stellen, daß Babys Blick auf eine beleuchtete Wand fällt. Das Gesicht dreht sich zu mildem Licht wie die Blüte zur Sonne.

6

Erster Blickpunkt

Wir brauchen:
- **1 knallroten Gegenstand**

Schon nach einer Woche können Sie Ihrem Baby helfen, aus dem verschwommenen Bild, das es von seiner Umwelt hat, ein paar Konturen herauszuholen. Es kann nämlich schon welche erkennen, allerdings nur in einer Entfernung von etwa 20 Zentimetern. Halten Sie den knallroten Gegenstand in diesem Abstand vor das Gesicht Ihres Babys! Es wird begeistert sein, weil das klare Sehen für das kleine Gehirn fast wie eine Offenbarung ist.

7

Erste Hör-Spiele

Das Gehör konnte sich schon im Mutterleib gut entwikkeln. Was es hört, kann das Baby daher schon viel differenzierter wahrnehmen als das, was es sieht. Intensivste Anregung geben Sie Ihrem Kind, wenn Sie ihm immer mal wieder etwas zum Hören anbieten. Allerdings keine schrillen oder zu lauten Töne. Bei Babys beliebt sind Bach und Händel. Largos beruhigen ausgesprochen. Setzen Sie sie ein, wenn Baby aus unerfindlichen Gründen schreit. Auch Mozart und sanfte Rockmusik kommen gut an.

Wenn Sie während der Schwangerschaft oft gesungen oder selbst ein Instrument gespielt haben, dann singen und spielen Sie Ihrem Kind jetzt die gleichen Stücke vor – es wird sie wiedererkennen.

Wiegen

8

Wir brauchen:

- **1 Hängematte**
- **1 Schaukelhaken**
- **1 Spezial-Zugfeder (Haushaltsladen)**
- **1 Kinderwagen mit abnehmbarem Oberteil**
- **1 Leine**

Für das Kind ist es ausgesprochen anheimelnd und beruhigend, wenn Sie es sanft wiegen. Es mit Ihren Händen zu berühren ist wohl das zärtlichste Spiel für einen kleinen Menschen, das sich denken läßt, und eins, das für viele das ganze Leben seinen Reiz nicht verliert.
Auch eine Wiege beruhigt das Kind. Wenn Sie keine haben, können Sie sich selbst eine bauen wie folgt:
Die beiden Endschnüre einer Hängematte zusammenbinden. Setzen Sie das Oberteil Ihres Kinderwagens in diese Hängematte. Den Schaukelhaken befestigen Sie an der Zimmerdecke, daran bringen Sie die Zugfeder an. Nun das Wiegenteil an die Zugfeder hängen (siehe Abbildung).
Während Sie Ihr Kind sacht hin und her schaukeln, singen Sie ihm eins der schönen Wiegenlieder vor, die uns seit Generationen überliefert sind.

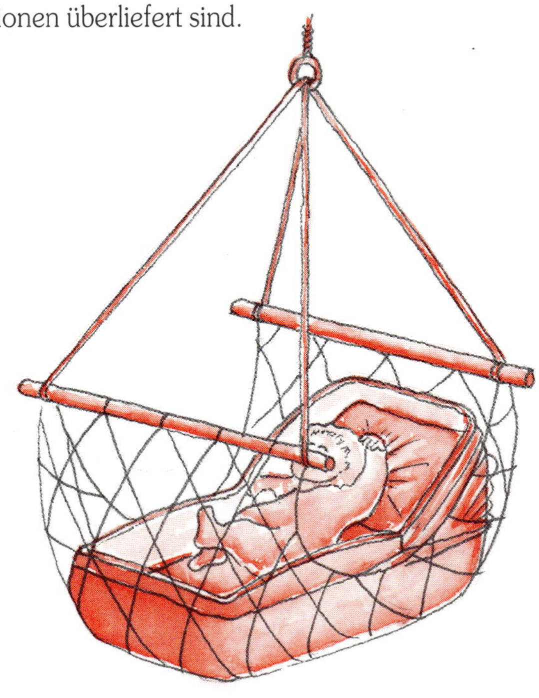

Schon ein leises Antippen läßt die „Wiege“ hin und her schaukeln. Mit Hilfe der Leine können Sie die Bewegungen auch von Ihrer Liege aus steuern.

9 Schlaf, Kindlein, schlaf

2. Schlaf, Kindlein, schlaf!
Am Himmel ziehn die Schaf.
Die Sternlein sind die Lämmerlein,
der Mond, der ist das Schäferlein.
Schlaf, Kindlein, schlaf!

3. Schlaf, Kindlein, schlaf!
So schenk' ich dir ein Schaf
mit einer goldnen Schleife fein.
Das soll dein Spielgeselle sein.
Schlaf, Kindlein, schlaf!

Die schönsten Spiele von der siebten bis zur zwölften Woche

In der Zeit von der siebten bis zur zwölften Woche bleibt Zärtlichkeit im Umgang mit Ihrem Kind weiterhin Trumpf. Selbstverständlich bleiben auch die Spiele aus den ersten Wochen auf der Tagesordnung, an denen Baby Gefallen findet. Das schönste Geschenk für Ihr Kind ist, wenn Sie es täglich liebevoll massieren.
Besonders glücklich und entspannt wird Ihr Kind sein, wenn Sie die indische Babymassage versuchen.

Indische Babymassage

Setzen Sie sich – Beine lang oder im Schneidersitz – auf den Boden. Legen Sie Ihr Baby vor sich auf ein kuscheliges Badetuch. Halten Sie außerdem in Reichweite eine Stoffwindel bereit, denn während des Massierens entspannt sich Ihr Baby derart, daß sich unter Umständen die Blase entleert. Ölen Sie Ihre Hände ein.
Beginnen Sie zuerst mit der sanften Gesichtsmassage: Mit den Daumen streichen Sie zart von der Nasenwurzel zu den Wangenknochen. Die Augenpartie wird ausgelassen. Haben Sie das einige Male gemacht, lassen Sie die Hände um die Schultern kreisen und dann sanft nach unten über die Brust gleiten.
Streichen Sie mit der linken Hand von der linken Schulter zur rechten Hüfte, dann mit der rechten Hand von der rechten Schulter zur linken Hüfte. Wiederholen Sie das mehrmals. Die Arme fassen Sie etwas fester an: Streichen Sie mit beiden Händen von oben nach unten – umfassen Sie den Arm dabei.
Wenn Sie zart unter den Achselhöhlen streicheln, öffnet sich die meist noch zur Faust geballte Hand. Massieren Sie

10

Beginnen Sie nur dann mit einer Babymassage, wenn Sie selbst innerlich ruhig sind und genügend Zeit haben.
Der Raum sollte eine Temperatur von 23 Grad Celsius haben.
Zum Massieren eignet sich am besten Mandelöl, das Sie gut in den Händen verreiben.

nun den Handteller und dann die Stelle zwischen Daumen und Zeigefinger. Ihre Hände gleiten nun seitlich hinunter und massieren die Hüften. Es folgen nacheinander lange Streichbewegungen über die Beine, von der Hüfte bis hinunter zum Fußgelenk.
Nun legen Sie Ihr Kind auf den Bauch. Lockern Sie mit weichen Bewegungen zuerst die Schulterpartie. Dann streichen Sie mit beiden Handflächen gleichzeitig über den Rücken. Tun Sie das rhythmisch. Mit den Fingerkuppen massieren Sie den Po. Anschließend kommt noch eine ganz leichte Klopfmassage, bei der Sie mit den Handkanten locker von einer Pobacke zur anderen trommeln.
Und schließlich streichen Sie abwechselnd über die Beine, vom Po bis zum Fußgelenk.
Am schönsten ist es, wenn Sie alle Bewegungen gleichmäßig ausführen. Sie können dabei auch leise ein Kinderlied singen oder summen oder einige Kinderverse aufsagen. Und: Solange das Kind auf dem Rücken liegt, genießen Sie den Blickkontakt mit ihm.
Für Väter, aber auch für Mütter, die nicht stillen können, kann diese innige Verbundenheit durch die Massage ein befriedigender Ausgleich sein.

11

Sobald der Nabel trocken ist, können Sie mit Ihrem Baby in der großen Badewanne spielen.

Badestrampeln

Legen Sie sich rücklings in die Wanne, und nehmen Sie Ihr Kind auf den Bauch. Streicheln Sie fest über seinen Rücken, über Arme und Beine. Geben Sie mit Ihren Oberschenkeln den Fußsohlen des Kindes etwas Druck. Sofort wird es anfangen, heftig zu strampeln, und sich dabei pudelwohl fühlen.

12

Springbrunnen

Ist Baby ans Wasser in der großen Wanne gewöhnt, probieren wir den Springbrunnen. Die Handbrause wird unter Wasser nach oben gerichtet und so gehalten, daß ein wei-

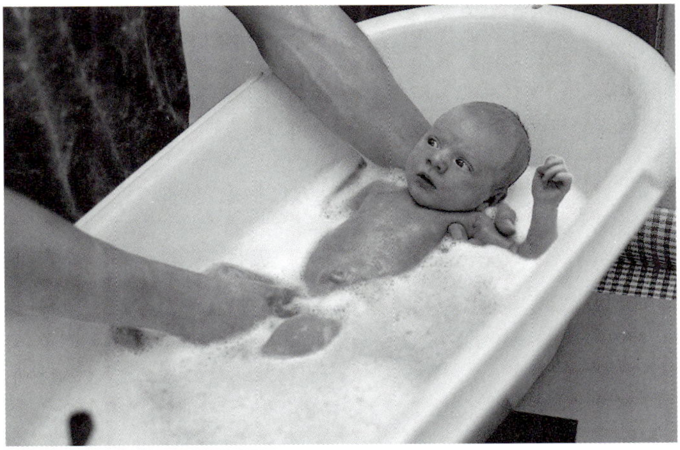

cher Springbrunnen nach oben herauskommt. Da kann Baby mit dem Bauch drüberrutschen. Das kitzelt so schön. Wichtig ist, daß die Temperatur des „Springbrunnens“ in Ordnung ist.

Flottenparade

13

Wir brauchen:
- **einfache Boote aus Kork oder Faltboote aus Papier.**

Ihr Baby hat Spaß am Spiel in der großen Badewanne. Da bietet es sich an, einfache Boote aus Kork oder Papier mit ins Wasser zu nehmen. Solange das Kind noch nicht greifen kann, wird es sich einfach nur am Anschauen freuen – und irgendwann greift es dann zu!

Augen-Ohren-Schmaus

14

Wir brauchen:
- **1 rot-weiße Rassel**

Zu Beginn des zweiten Lebensmonats kann Baby eine erste Farbe wahrnehmen, das Rot. Am besten erkennt es sie im Kontrast zu Weiß. Außerdem lauscht es gern vertrauten Tönen. Größtes Entzücken löst es deshalb bei Ihrem Baby in diesem Alter aus, wenn Sie eine rot-weiße Rassel etwa 20 Zentimeter vor seinen Augen leicht schütteln.

15

Wir brauchen:
- **rote Fingerfarbe**
- **1 weißen Luftballon**

Ballon-Gesicht

Nichts liebt Ihr Kind jetzt mehr als Ihr Gesicht. Sie können es ihm aber nicht immer dann zeigen, wenn es seine Augen auf die Suche schickt. Malen Sie mit der roten Fingerfarbe Augen, Nase und Mund auf den weißen aufgeblasenen Luftballon. Befestigen Sie das Ballon-Gesicht dicht über seinem Köpfchen, etwas schräg vor dem Gesicht. Wenn Sie den Ballon bemalen, denken Sie daran: Wenn Sie ihn nicht mit Gas füllen, sondern aufblasen, hängt er nach unten. Deshalb müssen Sie das Gesicht „falsch" herum daraufmalen.

16

Wir brauchen:
- **1 Gardinenring**
- **rote Fingerfarbe**
- **bunte Bänder**

Bänderkranz

Malen Sie den Gardinenring rot an. Knoten Sie bunte Bänder daran, anfangs rote, gelbe und weiße, später dann auch blaue und grüne, orangefarbene und lila, dann sieht es noch lustiger aus.

17

Wir brauchen:
- **5 Styroporkugeln, Durchmesser 80 mm**
- **1 Rundstab, 30 cm lang**
- **2 Rundstäbe, 12 cm lang, Durchmesser jeweils 8 mm**
- **11 Holzperlen mit 8 mm Öffnung**
- **150 cm Nylonschnur**
- **1 dünne Häkelnadel**
- **rote, weiße, blaue und gelbe Plakafarben**
- **Klarlack ohne Lösemittel**
- **5 Schaschlikstäbe**

Kugel-Mobile

Kugeln sehen von allen Seiten gleich aus. Kinder mögen sie vom Säuglingsalter an besonders gern.
Wir verwenden hier ausnahmsweise Styropor, weil dieses sehr leicht ist und sich bei jedem Lufthauch bewegt. Hängen Sie das Mobile aber so hoch auf, daß Ihr Baby es nicht mit den Händchen erreicht.
Stecken Sie die Schaschlikstäbe in die Styroporkugeln, dann können Sie am Stab anfassen und die Kugeln in einem Arbeitsgang rundherum anmalen. Von den fünf großen Kugeln malen Sie eine rot, eine gelb, eine blau und zwei weiß an; auf eine weiße Kugel malen Sie später noch rote Ringe (quer zum Loch). Danach lackieren Sie die Kugeln mit Klarlack.
Inzwischen stellen Sie das Bügelgerüst her, wie aus der Zeichnung auf Seite 21 ersichtlich. Auf die Enden der

Zum Trocknen stecken Sie die Kugeln wie Blumen in eine Vase oder in ein größeres Glas.

Rundstäbe stecken Sie je eine Perle, damit der Nylonfaden nicht herunterrutscht.
Ziehen Sie mit der Häkelnadel jeweils ein Stück Nylonschnur in passender Länge durch die Styroporkugeln, knoten Sie jeweils an einem Ende eine Perle daran fest (evtl. noch mit Alleskleber sichern). Die einfarbigen Kugeln hängen Sie dann auf gleiche Höhe, die geringelte kommt in die Mitte und hängt tiefer.
Da Ihr Kind Farben am besten im Kontrast erkennt, befestigen Sie an dem einen Stab die rote und die weiße Kugel und an dem anderen Stab die blaue und die gelbe Kugel. Die genaue Balance müssen Sie austarieren.

Tip:
Wenn Sie ein fertiges Mobile kaufen und dieses über Bett oder Wickeltisch aufhängen wollen, gehen Sie in die Froschperspektive, ehe Sie sich für ein bestimmtes Modell entscheiden. Sonst sieht's von unten womöglich langweilig aus!

Gesichter-Mobile

18

Wir brauchen:
- **helle Modelliermasse, die an der Luft trocknet**
- **1 Flasche oder Kuchenrolle**
- **1 Schaschlikstab**
- **Bügelgerüst wie in Nr. 17 beschrieben**

Eine große Freude machen Sie Ihrem Kind auch mit einem Gesichter-Mobile. Rollen Sie die Modelliermasse wie Kuchenteig aus. Schneiden Sie Gesichtsformen aus.
Auf der Rückseite kleben Sie in der Mitte etwas Masse an – oder ziehen sie aus der Form sacht heraus. Durch diesen „Knubbel" stecken Sie einen Schaschlikstab und lassen ihn eine Weile darin; nach dem Herausziehen haben Sie dann das Loch, an dem der Faden befestigt wird.

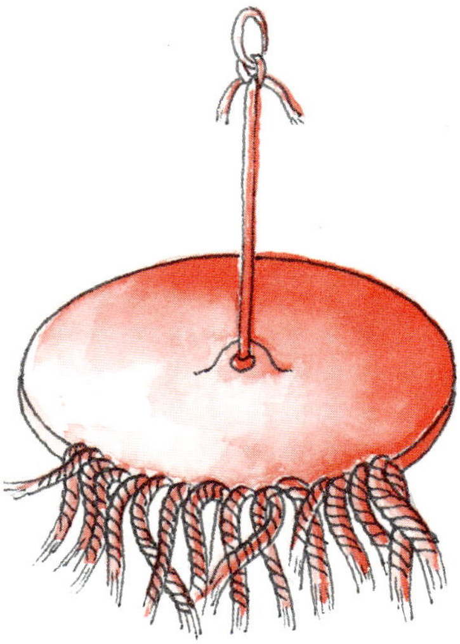

Auf der Vorderseite kleben Sie aus einer kontrastierenden Modelliermasse Augen, Nase, Mund und vielleicht noch einen Haaransatz an. Trocknen lassen und evtl. lackieren.

19

Masken

Wir brauchen:
- **rote Pappe**
- **1 Blatt Schreibmaschinenpapier**

Das Kind schaut jetzt am liebsten Gesichter an. Eine Blitzmethode, dem Kind solchen Spaß zu machen: Schneiden Sie aus der Pappe ein Gesicht. Schneiden Sie Augen, Nase und Mund aus. Kleben Sie das Schreibmaschinenpapier dahinter, und hängen Sie das Gesicht an die Wand.

20

Blätterdach

Zu sehen gibt es überall mehr als genug. Sie müssen nur dafür sorgen, daß es ins Blickfeld des Kindes kommt. Im Sommer ist es wunderbar, wenn Sie den Kinderwagen unter einen Laubbaum stellen (Vorsicht: Linden tropfen!). Der sanfte Wind streicht durch die Blätter und hält sie stets in leichter Bewegung. Wenn dann die Sonne scheint, huschen ihre Strahlen hin und her. Das Kind kann sich lange daran vergnügen.

21

Hüpf-Püppchen

Wir brauchen:
- **1 Holzkegel, ca. 8 cm (Bastelgeschäft)**

Am Ende des ersten Vierteljahres, wenn Ihr Kind schon darin geübt ist, Bewegungen zu verfolgen, strampelt es meist vor Vergnügen, wenn Sie ein Hüpf-Püppchen vor

ihm auf und ab springen lassen. Es versucht danach zu greifen. Gelingt es ihm nicht, es zu fassen, geben Sie es ihm ab und zu in die Hand.
Ein einfaches Hüpf-Püppchen basteln Sie so:
Malen Sie dem Kopf (Holzperle) ein Gesicht. Als Haar kleben Sie etwas Wolle auf.
Kleben Sie die Spitze des Kegels in das Loch der Perle.
Kleben Sie das Gummiband – wie auf der Zeichnung zu sehen – von unten bis oben so an der Puppe fest, daß etwa 10 Zentimeter am Kopf zum Anfassen bleiben.
Nun bekommt der Körper aus dem Filz und den Knöpfen noch einen Mantel. Am Gummiband lassen wir nun die Puppe auf und nieder hüpfen.

- **1 Holzperle, ca. 2 cm Durchmesser**
- **Plakafarbe**
- **Klebstoff**
- **etwas Wolle**
- **1 Stück Filz**
- **2 kleine Knöpfe**
- **1 Gummiband**

Tip:
Mehrere solcher Püppchen, an einer Kordel befestigt, ergeben eine lustige Kette, die Sie über den Kinderwagen oder das Bettchen spannen können.

Die schönsten Spiele für das zweite Vierteljahr

Ihr Kind entwickelt sich zusehends. Vor allem kann es nun immer besser seinen Kopf hochhalten. Irgendwann in dieser Zeit liegt es bäuchlings nicht mehr nur einfach flach, sondern stützt sich auf seine Unterarme und hält sichtbar fasziniert Umschau. Dann reicht ihm plötzlich nur ein Arm als Stütze, und es kann mit der anderen Hand schon nach einem Spielzeug greifen.
Es kann Bewegungen in der Breite schon fast unbegrenzt verfolgen. Es kann sich auch schon ganz unterschiedlich ausdrücken: Es brabbelt, gurgelt, gluckst vor Vergnügen, gurrt vor Behaglichkeit.

In dieser Zeit etwa entdeckt das Kind ein Spiel, das wohl alle Eltern begeistert: Es kann jetzt beide Hände bis zur Körpermitte führen. Die eine Hand kann mit der anderen spielen. Das Baby kann sich selbst berühren. Dabei entdeckt es, daß beim Berühren nicht nur eine Hand etwas spüren kann, sondern beide. Ähnliche Erfahrungen entstehen, wenn das Kind den eigenen Daumen oder einen Gegenstand in den Mund steckt und wenn es etwas später sogar seinen Fuß, vor allem seine Zehen, berührt.
Das Baby ist dabei, sich selbst als etwas zu begreifen, was sich von der Umwelt unterscheidet. Damit macht es einen wichtigen Schritt auf dem Weg zu sich selbst.
Nun kann es gar nicht genug kriegen vom Spiel mit den Fingern und Zehen. Ein zauberhafter Anblick!
Natürlich sind die Spiele, die schon für das erste Vierteljahr reizvoll sind, fast durchweg auch im zweiten noch interessant. Gegen Ende des ersten Halbjahres werden Sie irgendwann einmal entdecken: Das Kind wechselt ein Spielzeug nun schon von einer Hand in die andere.

Freudig erregt reagiert Ihr Kind, wenn Sie es, zumindest mit dem Oberkörper, in eine senkrechte Lage bringen. Zum Beispiel, wenn Sie es ein Weilchen auf den Schoß nehmen, mit ihm schmusen, ein bißchen mit ihm erzählen und es plappern lassen.

Schön sind Spielzeuge, an denen sich Teile bewegen lassen. Und erstes Badespielzeug gewinnt an Bedeutung: Die gelbe Ente mit dem roten Schnabel hat ebensoviel Tradition wie der Goldfisch. Nach wie vor sind sie die besten ersten Badespielsachen.

Spielzeug für das zweite Vierteljahr

Das Kind braucht jetzt unterschiedliches Greif-Spielzeug: etwas aus textilem Material, aus Holz, aus Kunststoff, etwas Weiches und Hartes, Warmes und Kaltes, Kantiges und Rundes. Und möglichst sollten sich auch noch die Farben unterscheiden: Rot, Rot-Weiß, Rot-Gelb, Orange als eine dem Rot verwandte Farbe zunächst, dann aber auch Blau und Blau-Weiß, später Grün-Weiß, schließlich Grün-Gelb.

Baby auf dem Schoß

22

Ein paar Spielanregungen, wenn Ihr Kind auf Ihrem Schoß sitzt.

- Zeigen Sie Ihrem Baby ein Spielzeug.
- Kitzeln Sie es einfach, so daß es vor Vergnügen juchzt: unter der Fußsohle, in der Halskuhle, unter den Armen, im Brust-Bauch-Bereich.
- Machen Sie einfache Krabbel-Spiele (siehe Kasten S. 26).
- Fassen Sie Ihr Kind unter den Armen, schauen Sie es lachend an, „quirlen“ Sie es leicht.
- Fassen Sie die Unterarme, und ziehen Sie beide gleichzeitig abwechselnd vor und zurück.
- Reiben Sie die kleine Nase an Ihrer.

Einfache Krabbel-Spiele

• *„Es steigt ein Mann die Treppe rauf, es steigt ein Mann die Treppe rauf, macht ihm jemand die Türe auf? Klopf, klopf" – Sie tippen mit dem Finger an die Nase – oder: „Klingeling" – Sie kitzeln das Ohrläppchen.*

• *„Es krabbelt das Mäuschen immer höher" – mit vier Fingern aufsteigen – „und kommt dem Hälschen immer näher. Hurraa! Nun ist es da!" – Sie kitzeln das Kind in der Halskuhle.*

23

Mit dem Kind auf dem Arm läßt es sich herrlich spielen. Legen Sie Ihren Oberkörper leicht vornüber: Das Kleine bekommt ein leichtes, aber nicht unangenehmes Fallgefühl. Wenn es erschrickt, richten Sie sich schnell wieder auf und drücken es fest an sich.

Trage-Ulk

• Gehen Sie durch das Zimmer. Anfangs schleichen Sie ganz leise und langsam, dann laufen Sie plötzlich schnell los, dann schleichen Sie wieder. Das Kind ist gerade bei solchen sich abwechselnden Bewegungen immer voller Erwartungen.

• Wenn Sie zu zweit mit dem Kind spielen, legen Sie es auf ein Tragetuch, das auf dem Bett liegt. Dann nimmt jeder von Ihnen ein Ende des Tragetuchs, Sie machen daraus eine „Hängematte", heben sie an und schaukeln das Kind darin sachte hin und her.

24

Gegen Ende des ersten Halbjahres kann es manchmal nicht wild genug zugehen. Dann ist das Spiel am Boden für manchen am sichersten.

Boden-Akrobatik

• Sie sitzen auf dem Boden, den Rücken an eine Wand gelehnt. Winkeln Sie die Beine an, so daß Ihre Oberschenkel zu einer Art Rutschbahn werden. Darauf legen Sie das Baby. Lassen Sie es sanft auf Ihren Bauch rutschen. Dann setzen Sie es wieder hoch, machen die Beine lang und ziehen sie wieder an. Noch einmal und noch einmal …

• Sie sitzen im Schneidersitz auf der Erde. Halten Sie die gespreizte rechte Hand unter Babys Brustkorb und mit der linken Babys Po. So heben Sie es über Ihren Kopf, damit es ein erstes Fluggefühl bekommt. Später können Sie das Kind unter den Armen fassen und aus dem Stand ein wenig hochwerfen.

Wickel-Spiele

25

Auch beim Wickeln können Sie jede Menge neue Spiele einführen.

• Die Windel vor das Gesicht halten und schnell wieder hervorkommen, das Kind mit der Windel streicheln oder Wind damit machen.

• Gehen Sie mit dem Kopf in Babyhöhe runter. Blasen Sie über Babys Körper, ganz sacht.

• Sie können auch genau über dem Baby einen Spiegel aufhängen. So kann es die bewegten Bilder mit Erstaunen betrachten und verfolgen.

Am Ende des ersten Halbjahres werden Spiegel-Spiele noch interessanter, weil das Kleine anfängt, dieses Bild mit gezielten Bewegungen zu provozieren.

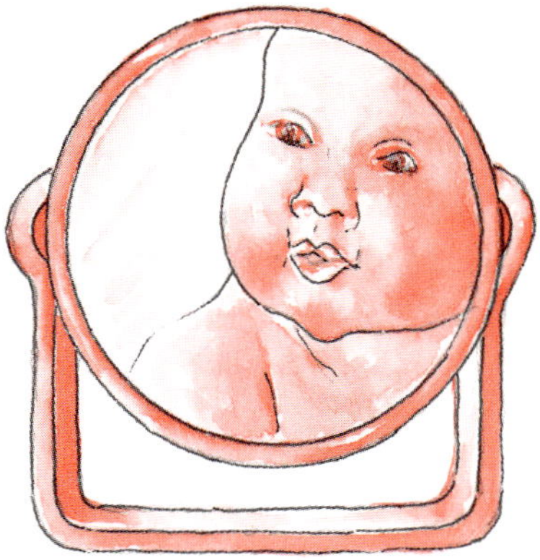

Mienenspiel

26

Dies ist eins der hinreißendsten Spiele, weil sich das Kind nach einer Weile nach Kräften bemüht, Ihr Mienenspiel mitzumachen!

Das Baby liegt bäuchlings auf dem Boden, Sie auch, und zwar so, daß Sie sich anschauen. Oder Sie legen das Kind bäuchlings auf den Wickeltisch und setzen sich so davor, daß Ihr Gesicht mit dem des Kindes auf gleicher Höhe ist. Strecken Sie die Zunge heraus, runzeln Sie die Stirn, rümpfen Sie die Nase, gähnen Sie, ziehen Sie die Augenbrauen hoch – mal dies, mal das, aber immer nur, solange es Spaß macht.

27

Wir brauchen:
- **1 weiße Papiertüte in Lebensmittelqualität**
- **Wachsmalstifte**
- **1 Taschenlampe**

Leuchtmasken

Wenn etwas im Dämmerschein mild leuchtet, ist das Baby stets hingerissen. Eine Leuchtmaske haben Sie schnell hergestellt: Malen Sie auf die weiße Papiertüte – Öffnung nach unten – mit den Wachsmalstiften ein Gesicht. Da hinein kommt die leuchtende Taschenlampe.

28

Lichtkegel

Lassen Sie den Lichtkegel einer Taschenlampe über eine helle Wand huschen. Wenn beide Eltern mitspielen, kann ein Kegel den anderen jagen. Das macht das Spiel noch viel spannender.

29

Wir brauchen:
- **1 braunen Teddy oder**
- **1 schwarzen Schal**

Angst überwinden

Halten Sie einen der beiden dunklen Gegenstände etwa 1 Meter entfernt vor das Kind. Es wird sich kaum dafür interessieren.
Führen Sie den Teddy oder Schal nun langsam näher. Sind Sie mit dem Gegenstand nur noch etwa 40 Zentimeter entfernt, erscheint dem Kind die Sache doch schon gefährlich. Wenn es das Gesicht verzieht, ziehen Sie das „Unding" zurück und lachen dabei.

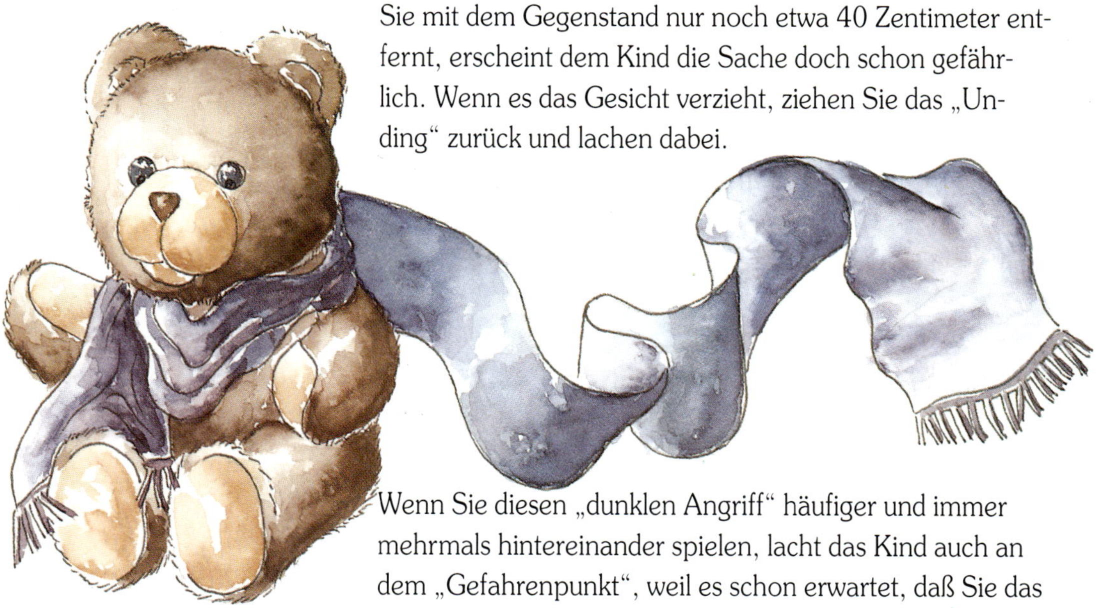

Wenn Sie diesen „dunklen Angriff" häufiger und immer mehrmals hintereinander spielen, lacht das Kind auch an dem „Gefahrenpunkt", weil es schon erwartet, daß Sie das Ding gleich wieder wegziehen.

Rassel-Spiele

Die Rassel ist für ein Baby ein besonders vielseitiges Spielzeug. Viele Spiele sind damit möglich, zum Beispiel:

- *Das Baby sitzt auf Ihrem Schoß. Nun rasseln Sie seitlich von ihm, vor seinem Ohr. Es wird schnell den Kopf zur Rassel wenden und strahlen vor Glück. Es hat nämlich schon vermutet, was es entdecken würde, und weil seine Erwartung nun bestätigt wird, freut es sich.*
- *Rasseln Sie hinter einem Vorhang, wenn Sie es auf dem Arm tragen, etwa hinter einer undurchsichtigen Gardine. Schieben Sie den Vorhang weg, so daß die Rassel zu sehen ist. Tun Sie das immer wieder. Irgendwann wird das Kind nach dem Vorhang greifen.*
- *Legen Sie die Rassel in eine Schachtel. Schütteln Sie diese. Die Rassel ist zu hören. Öffnen Sie die Schachtel, und lassen Sie Baby hineinschauen. Irgendwann versucht es, den Deckel selbst abzunehmen.*

30 Quietschtiere

Den Ohren der Erwachsenen tun Quietschtiere oft geradezu weh. Ein Kind jedoch liebt diese hohen, schrillen Töne. Deshalb bereiten Sie Ihrem Kind das Vergnügen. Es wird im wahrsten Sinne des Wortes quietschvergnügt! Es gibt übrigens auch schöne Plüschtiere mit Quietschstimme.

31 Bauchwiege

Etwas, was das Kind meist ganz allein entdeckt: Es liegt auf dem Bauch, hält das Köpfchen hoch, breitet plötzlich die Arme aus und schaukelt auf dem Bauch.

32 Seiten-Wende

Ein Spiel, mit dem Ihr Kind Sie vielleicht überrascht: Es liegt auf dem Bauch, vollführt eine seitliche Schaukelbewegung und rollt auf den Rücken. Hat es diese Seiten-Wende erst einmal entdeckt, kann es schon bald in einen Bewegungs-„Rausch" kommen! So viel Spaß macht das! Und Ihr Kind ist stolz auf seine neuen Erfahrungen mit dem eigenen Körper.

Frühschwimmen tut dem Baby gut

Wenn Sie zum Babyschwimmen gehen wollen, was sehr zu empfehlen ist, weil es den Babys ungeheuer viel Spaß macht – jetzt ist ein gutes Einstiegsalter. Sie finden entweder eine öffentliche Badeanstalt oder eine private Schwimmschule, wo Babyschwimmen auf dem Programm steht. Oder Sie tun sich mit ein paar gleichgesinnten Eltern zusammen und veranstalten mit ihm ein privates Babyschwimmen.
Wichtig ist aber: Das Babybecken sollte eine Wassertiefe von 90 cm bis 1,20 m haben, und das Wasser sollte 32°C warm sein. Eine Menge Spiele sind im Wasser möglich. Dem Kind bereiten schon nach kurzer Eingewöhnung die meisten höchstes Vergnügen.
Viele interessante Vorschläge finden Sie in meinem Buch „Schon Babys schwimmen mit Vergnügen“ (rororo sachbuch 8473).

Knittern und reißen

33

Geben Sie Ihrem Kind Seiden- und Pergamentpapier sowie leere Schreibblätter. Verwenden Sie auf keinen Fall Zeitungspapier – die Druckerschwärze ist bekanntermaßen ungesund!
Es wird hellauf begeistert sein, wenn es gemerkt hat, wie wunderbar das raschelt, wenn man Papier zerreißt, wie geheimnisvoll es knistert beim Knittern.

Wir brauchen:
- **weißes und rotes Seidenpapier**
- **Pergamentpapier**
- **Schreibmaschinenpapier**

Krabbelnd erobert Baby sich die Welt

Die schönsten Spiele für das zweite Halbjahr

Die hier angegebenen Zeitpunkte für einen bestimmten Entwicklungsstand des Babys sind Durchschnittswerte. Jedes Kind hat aber seinen eigenen Rhythmus, sein eigenes „Tempo" in der Entwicklung. Meist besteht also überhaupt kein Grund zur Besorgnis, wenn Ihr Baby ein wenig früher oder später soweit ist...

Der Anfang des zweiten Halbjahrs ist bei den meisten Kindern durch das Hantieren geprägt. Allerdings sind viele Kinder auch ganz eigene Persönlichkeiten, die zum Teil schon früher damit anfangen oder sich noch lange Zeit lassen, um dann oft ganz andere Wege zu gehen.

Das Kind begnügt sich nun nicht mehr damit, die Dinge in seiner Reichweite mit der ganzen Hand zu fassen. Es untersucht jetzt genauer, schaut den Gegenstand an, dreht ihn herum, nimmt ihn in die andere Hand, schaut wieder, steckt ihn in den Mund usw.

Zunächst packt es mit der ganzen Hand zu. Etwa im zehnten Lebensmonat wendet es bereits den Pinzettengriff an, erfaßt den Gegenstand also mit Daumen und Zeigefinger (siehe Zeichnung auf S. 33). Und am Ende des ersten Lebensjahres greift es im sogenannten Zangengriff. Diese beiden Zugriffsarten ermöglichen dem Kind, auch kleine Dinge, zuletzt sogar Kuchenkrümel, aufzunehmen.

Achten Sie einmal darauf, wie sich das Greifen bei Ihrem Kind entwickelt.

Etwa um den achten Monat herum können die meisten schon recht gut sitzen. Das erweitert die Spielmöglichkeiten ungemein. Und etwa im zehnten Monat beginnen die

meisten zu krabbeln. Dann wird alles noch mal um ein vielfaches interessanter. Denn so wie das Sitzen das Blickfeld vergrößert, so vergrößert das Krabbeln den Aktionskreis. Jetzt ist spätestens der Zeitpunkt gekommen, an dem Sie Ihre Wohnung unbedingt auf Kindersicherheit überprüfen müssen (siehe Checklisten im Anhang).

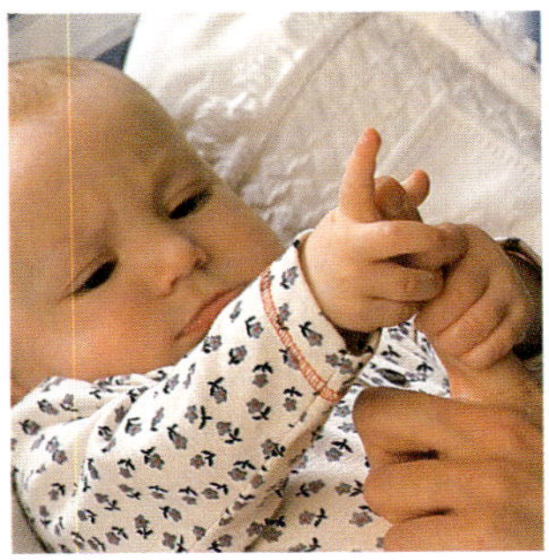

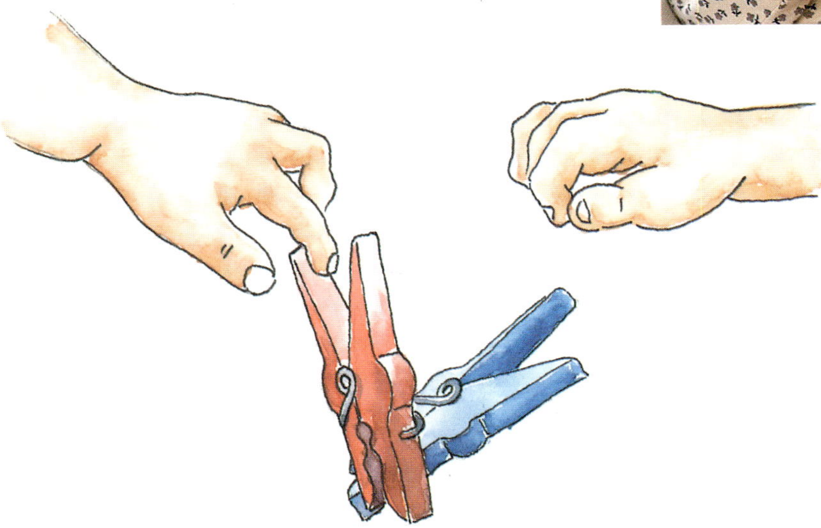

34

Wir brauchen:
- **1 Waschmitteltonne**
- **selbstklebende Farbfolie**
- **Kochlöffel**
- **Plakafarbe**
- **Pinsel**

Trommeln

Wenn das Kind sitzt, gibt es kaum etwas Schöneres als eine Trommel, die vor ihm steht, als wartete sie nur darauf, mit einem zweiten Gegenstand, etwa einem Kochlöffel, bearbeitet zu werden. Also machen Sie ihm doch einfach eine solche Trommel.
Bekleben Sie eine Waschmitteltonne mit selbstklebender Farbfolie. Den Deckel bemalen Sie mit Plakafarbe, weil so der Klang besser erhalten bleibt.

35

Wir brauchen:
- **1 Stück Wellpappe**
- **1 ausgedientes Frühstücksbrett**
- **etwas Schmirgelpapier**
- **1 harte Bürste**

Ratschen

Kleben Sie ein Stück Wellpappe auf die eine Seite, ein Stück Schmirgelpapier auf die andere Seite des Frühstücksbrettes. Geben Sie dieses „Instrument" und die harte Bürste dem sitzenden Kind. Nun kann es über die Streichflächen bürsten. Töne zu erzeugen ist wunderbar! Wenn es in der Umgebung ganz leise ist, kann man die Unterschiede der beiden Seiten heraushören.
Achten Sie darauf, daß Ihr Baby das Schmirgelpapier noch nicht mit den empfindlichen Fingerchen streicht.

36

Wir brauchen:
- **Bausteine aus Holz**

Poltern

Das entdeckt Ihr Kind ganz von alleine, wenn Sie ihm jetzt Bausteine geben: wie aufregend es ist, die Klötze durch die Gegend zu werfen. Es poltert so herrlich und macht so wunderbar Krach! Man kann die Bausteine auch aneinander klopfen oder reiben. Alles hört sich anders an.

37

Schaukel-Spiele

Wie im ersten Vierteljahr das Wiegen, so ist im zweiten Halbjahr das Schaukeln Trumpf. Setzen Sie sich auf die Schaukel, und nehmen Sie das Kind auf den Schoß. Nun sacht anstoßen!

• Wenn es schon sitzen kann, setzen Sie das Kind in eine Babyschaukel, in der es durch das Gitter rundherum gut geschützt ist.

• Legen Sie das Kind in eine Decke und dann in die Hängematte.

• Halten Sie das Kind unter den Armen. Spreizen Sie Ihre Beine, schaukeln Sie das Kind vor Ihrem Bauch.

• Wenn Ihr Kind Freude daran hat, probieren Sie auch folgendes mal aus: Zwei Erwachsene nehmen das Kind zwischen sich, jeder faßt unter einen Arm. Und dann kann wild geschaukelt werden.

• Am Ende des ersten Lebensjahres kann das Kind schon auf einem einfachen Schaukelpferdchen sitzen.

Einige „Regeln", die man bei Schaukel-Spielen beachten sollte.

Kniereiter 38

Den größten Spaß machen Spiele auf dem Schoß, wenn sich dabei der Rhythmus ändert, in dem das Kind auf und nieder hopst. Das kann zudem stets mit Versen und kleinen Liedern begleitet werden, was natürlich einen zusätzlichen Reiz ausübt.

Hoppe, hoppe, Reiter 39

Hop - pe, Hop - pe Rei - ter!
Fällt er auf die Stei - ne,
Fällt er in die Hek - ken,
Fällt er in den Gra - ben,

Wenn er fällt, dann schreit er.
tun ihm weh die Bei - ne.
fres - sen ihn die Schnek - ken.
fres - sen ihn die Ra - ben.

40

Bei diesem Spiel sitzt das Kind ziemlich weit vorne auf Ihren Knien.

So tuckert der Bauer

„So fahren die Damen…“ (Sie bewegen Ihre Knie sanft nach rechts und nach links.)
„So reiten die Herren…“ (Sie „hoppeln“ leicht.)
„So tuckert der Bauer, so tuckert der Bauer, so tuckert der Bauer!“ (Sie lassen das Kind heftig auf Ihren Knien hopsen und ziehen dabei seine Arme ganz hoch.)

Holzklötze

Holzklötze sind schon für Kinder im zweiten Halbjahr ein wunderbares Spielzeug, und zwar zunächst ein paar farbige Klötze. Später sollten mehr ungefärbte Holzbausteine dazukommen.
Die kleine Hand kann die Holzklötze schon ganz umfassen, aber der kleine Mund kann sie nicht verschlucken.
Ihr kleiner Entdecker hat sie nun schon lange gern untersucht, erfaßt, die Farben bestaunt, gedreht und gewendet, in den Mund geschoben, sie wieder und wieder beguckt und dann – weggeworfen!
Wenn Ihr Kind sitzen kann, wird es die Klötze nicht mehr so oft nur polternd durchs Zimmer werfen. Es wird damit beginnen, Sie nachzuahmen und die Klötze vor sich aufzustellen. Und da ist bereits eine kleine Mauer entstanden. Manchmal schafft Baby es schon, Klötze aufzutürmen.

Finger-Spiele

Mit den Fingern spielt das Baby schon lange und tut das mit großer Ausdauer immer wieder. Die Finger faszinieren es sehr. Und wenn Vater oder Mutter das Spiel mit einem Vers so wunderbar rhythmisch macht, ist der Spaß garantiert. Je häufiger ein Kind immer dieselben Verse hört, desto vertrauter werden sie ihm.

Das ist der Daumen,
der schüttelt die Pflaumen,
der liest sie auf,
der bringt sie nach Haus,
und dieser kleine Schelm
ißt sie alle, alle auf!

41

Hand mit gespreizten Fingern zeigen. Bei jeder Zeile kippen Sie den angesprochenen Finger zur Handfläche um.
Diesen Vers können Sie später auch gut beim Schneiden der Fingernägel aufsagen.

Der ist in den Brunnen gefallen

Der ist in den Brunnen gefallen,
der hat ihn wieder rausgeholt,
der hat ihn ins Bett gelegt,
der hat ihn zugedeckt,
und der kleine Schelm da,
der hat ihn wieder aufgeweckt!

42

Hand mit gespreizten Fingern zeigen. Mit dem Zeigefinger der anderen Hand tippen Sie bei jeder Zeile auf die nächste Fingerkuppe.

Hast 'nen Taler

Hier ist die ganze Hand gefragt.

Hast 'nen Taler,
geh auf den Markt,
kauf dir 'ne Kuh,
ein Kälbchen dazu.
Das Kälbchen hat ein Schwänzchen
didel didel dänzchen.

43

Sie halten die flache Hand des Kindes in Ihrer Linken. Mit der Rechten patschen Sie bei jeder Zeile leicht darauf. Ab „didel didel dänzchen" kitzeln Sie die Mitte des Handtellers.

Der Weg zur Sprache

Wenn das Baby in den ersten Lebenswochen schreit, ist dies seine Art, Lust und Unlust, Freude und Ärger auszudrücken. Womit es unzufrieden ist, muß die Mutter erst einmal herausfinden. Bald kann es auch Gesten einsetzen, um seine Wünsche auszudrücken. Obwohl die Mütter sich mit ihrem Kind ohne Worte prächtig verstehen, reden sie doch fast unaufhörlich mit ihm. Und das ist gut so.

Mit drei oder vier Monaten beginnen die meisten Kinder zu lallen. Den Vokalen – a, e, o vor allem –, die es bereits hervorbringen kann, gesellen sich einige Konsonanten hinzu, meist zuerst das M, das L, das D. Aus dem „Aaaaa" wird nun „lalala" oder „Mamamamamama". Lallt das Baby zum ersten Mal, ist wohl jede Mutter gerührt. Das Baby merkt, daß dieses „Mama" die Mutter herbeiruft und veranlaßt, sich mit ihm zu beschäftigen. Das Lall-Produkt wird zum Wort. Die meisten ersten Wörter sind solche Lall-Produkte: „Dada", „Wawa", „Baba".

Es macht Sinn, wenn Eltern ihre Tätigkeiten in Gegenwart des Babys mit den Worten begleiten, die sie beschreiben.

Beispielsweise: „Komm, jetzt gehen wir baden! Und wir nehmen natürlich auch unsere Badeente mit."

Das Kind verinnerlicht so die Strukturen der Sprache. Und bald schon begreift es, was einige der Sätze bedeuten, also welche Handlungen und Gegenstände damit verbunden sind – lange bevor es solche Sätze selbst sprechen kann.

Wenn das Kind zu fragen beginnt: „Wawa?", „Dada?", ist es gut, wenn Sie viel Geduld aufbringen, um ihm zu antworten. Seien Sie ruhig ausführlich: „Das ist eine Banane. Ich werde sie jetzt schälen. Dann kannst du etwas davon essen."

Wenn das Baby noch einmal in die Lall-Phase zurückfällt, ist das ganz normal. Das Kleine setzt gerade zum Sprung an, um dann mit einem Riesensatz ein großes Stück weiterzukommen.

Fäuste-Turm

In Leipzig wird ein Turm gebaut
von Buttermilch und Sauerkraut.
Der Turm, der kriegt 'ne Ritze,
da schmiert ein fetter Fritze.
Und endlich wird es gar zu arg,
da fällt der ganze Turm in den Quark.

44

Sie können dieses Spiel allein mit dem Kind oder zu dritt spielen. Aus Fäusten, die aufeinandergestellt werden, entsteht ein Fäuste-Turm.

Wie das Fähnchen auf dem Turme

45

Das Kind stützt – ebenso wie Sie selbst – die Ellenbogen auf. Die Hände sind nun die Fähnchen und werden hin und her gedreht. Besonderen Spaß macht es, wenn beide auch noch Wind spielen, also heftig gegen ihre Fähnchen blasen.

Prusten

Tauchen Sie Ihr Gesicht ins Wasser, und blasen Sie dann hinein. Es brabbelt, und Blasen steigen auf. Wenn Sie das ganz nah bei Ihrem Kinde tun, kitzelt das blubbernde Wasser auch noch ein bißchen.

46

Ein schöner Spaß im Badewasser!

47

Wir brauchen:
- **1 Becher**

Ein- und Ausgießen

Sobald Ihr Kind einen Becher einigermaßen halten kann, spielt es sicher mit Leidenschaft Ein- und Ausgießen. Am besten geht das in der Badewanne! Werden Sie nicht unruhig, wenn diese Leidenschaft sehr lange anhält. Sie ist der Intelligenzentwicklung außerordentlich förderlich.

48

Ein wunderbares Spiel für Krabbler: Sie krabbeln mit!

Hunde-Spiel

Hunde balgen und jagen sich. Natürlich wird auch gebellt, aber nicht zu heftig und nicht zu laut, damit Baby nicht erschrickt. Irgendwann bellt es zurück. Kläff-Konzert!

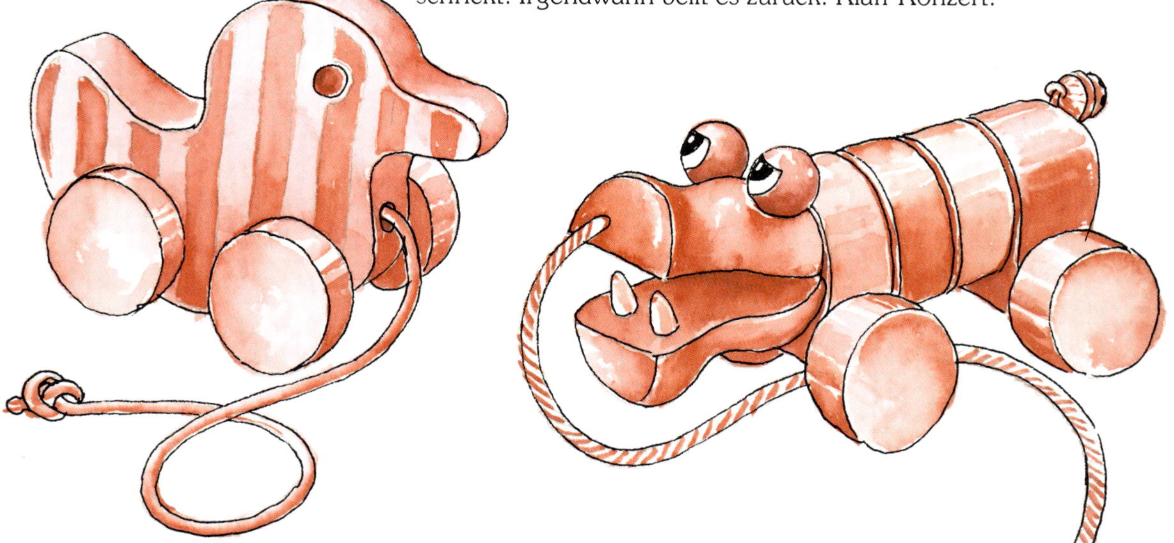

49

Wir brauchen:
- **ein paar Nachziehtiere**

Spielzeug heranziehen

Das Kind sitzt auf dem Boden. Nicht weit entfernt von ihm steht ein Nachziehtier. Die Schnur liegt so, daß das Kind sie greifen könnte. Was passiert? Kommt es allein darauf, das Spielzeug heranzuziehen? Wahrscheinlich nicht. Also setzen Sie sich neben das Kind und holen sich zum Beispiel die Ente heran. Auf keinen Fall sollten Sie Ihr Kind auffordern, es Ihnen nachzutun. Früher oder später wird das Kind das alles selbst ausprobieren.

Ball-Spiele

Was ist vielseitiger als ein Ball, ohne den es keinen Boris Becker und keine Fußballweltmeisterschaft, kein Tischtennis und keine Schneeballschlacht gäbe! Auch das Krabbelkind kann schon eine Menge mit der runden Kugel anfangen, etwa:

- *Sie rollen den Ball weg. Das Kind krabbelt hinterher.*
- *Sie rollen den Ball weg. Wie das Kind versuchen auch Sie, den Ball zu erwischen. Natürlich ist Ihr Kind schneller. Aber ab und zu sollten Sie ihn auch einmal erjagen, sonst hat das Spiel keine Spannung.*
- *Einen Ball kann man rollen, kullern lassen, über kleine Hindernisse, eine schiefe Ebene hinunter, unter dem Tisch durch. Was fällt Ihnen noch ein?*
- *Einen Ball kann man werfen und wieder holen.*
- *Einen Ball kann man gegen eine Wand dopsen, daß er wiederkommt.*

Bänder auf- und abwickeln

50

Wir brauchen:
- **1 Knäuel dicke Kordel**

Sie sitzen zusammen mit Ihrem Kleinen. Sie beschäftigen sich damit, eine dicke Kordel abzuwickeln und wieder aufzuwickeln, abzuwickeln und wieder aufzuwickeln, abzuwickeln und wieder aufzuwickeln…
Irgendwann wird das Kind das dann ebenfalls immer wieder tun wollen. Mit großer Konzentration! Auch wenn das schier endlos gehen kann, ist es wichtig für die Entwicklung. Besonders das letzte Mal, wenn Ihr Kind von allein damit aufhört.

Wegwerfen und wieder holen

Das ist ein Spiel, auf das Ihr Kind mit Sicherheit selbst kommt. Sobald es eine Sache fassen und auch wieder selbständig loslassen kann, geht es los: Die Puppe fliegt in hohem Bogen aus dem Bett oder aus dem Wagen. Die Bauklötze poltern durch die Gegend. Das Wollschaf stößt noch ein kurzes „Möää!“ aus, dann ist es still nach dem Aufprall. Wenn das Baby seine eigene Leistung, etwas weggeworfen zu haben, genossen hat, will es das Spielzeug natürlich wiederhaben. Anfangs braucht es noch einen spielfreudigen Menschen, der ihm die Sache wiederbringt, damit sie aufs neue fortgeschleudert werden kann. Später kriecht oder krabbelt es wie der Blitz hinter seinem Wurfgeschoß her, um es vom neuen Standort aus wieder wegzuwerfen.

51

Schubkarre

Das Kind liegt auf dem Bauch. Sie fassen seine Füße am Fußgelenk so, daß Ihre Finger über die Knie reichen. Heben Sie Beine und Brustkorb für einen kleinen Augenblick gestreckt nach oben. Gleich wieder hinlegen. Schultern und Kopf sollten dabei auf der Unterlage bleiben. Anfangs könnte das Baby ein wenig erschrecken. Aber da es gleich wieder ins Gleichgewicht kommt, liebt es dieses Spiel etwas später um so mehr.

Einsammeln und ausschütten

Klötze polternd aus dem Kasten oder aus der Tonne schütten, das macht einen wunderbaren Krach. Ebenso gern sammelt das Kind aber auch alle Klötze wieder ein. Nicht weil es so ordentlich ist, sondern weil Einsammeln ein Spiel ist wie das Ausschütten. Beherrscht Ihr Kind schon den Pinzetten- oder Zangengriff, so gelingt ihm das sicher auch schon bei kleineren Gegenständen, bei Murmeln und Knöpfen zum Beispiel. Das macht Spaß, übt die Fingerfertigkeit. Aber Vorsicht! Sind die Sachen so klein, daß sie sich auch wunderbar in Nase, Mund und Ohren stecken lassen, kann das Kind sich damit nur beschäftigen, wenn ein Erwachsener darauf achtet, daß die Murmeln oder Knöpfe wirklich wieder in die richtige Schachtel kommen und nicht im Mund verschwinden.

Reissäckchen

52

Aus dem Stoffrest nähen Sie ein kleines Säckchen, etwa 6 Zentimeter breit, 10 Zentimeter lang. Füllen Sie es locker mit Reis. Nähen Sie es nun auch oben zu. Nähen Sie ein Band fest an, das Sie dann mit einer Schleife ums Säckchen binden. Das ist ein herrliches Wurfgeschoß, das nicht viel Schaden anrichten kann. Es raschelt geheimnisvoll, wenn man es schüttelt. Und es faßt sich auch sehr interessant an.

Wir brauchen:
- **1 Stoffrest, ca. 12 x 12 cm groß**
- **1 Handvoll Reis**
- **1 Schleifenband von ca. 20 cm Länge**

Becherrassel

53

Ein leerer, ausgewaschener Joghurtbecher wird mit Erbsen, Linsen, Reis, mit Sand oder kleinen Kieseln halb gefüllt. Als „Deckel" wird ein Stück Pergamentpapier mit einem Gummiring befestigt. Dann kleben Sie das Ganze mit Leukoplast fest an den Becher. Bekleben Sie den Becher dann noch mit Selbstklebefolie, macht er auch noch den Augen Freude. Dann wird er geschüttelt. Haben Sie verschiedene Rasselbecher, kommt Abwechslung ins Spiel. Erst schaut und hört Baby nur zu. Bald wird es selbst versuchen, die Rasseln zum Ertönen zu bringen.

Wir brauchen:
- **1 Joghurtbecher**
- **Erbsen, Linsen, Reis, Sand oder kleine Kiesel**
- **Pergamentpapier**
- **1 Gummiring**
- **Leukoplast**
- **farbige Selbstklebefolie**

54

Wir brauchen:
- **ein paar Murmeln**
- **farbiges Klebeband**
- **2 durchsichtige Kugelhälften (Bastelladen)**

Murmel-Ball

Besonderes Vergnügen bereitet ein durchsichtiger Ball, in dem man bunte Kugeln herumwirbeln sehen kann.
Geben Sie in eine der beiden durchsichtigen Kugelhälften ein paar Murmeln hinein, legen Sie die zweite Kugelhälfte an, und verbinden Sie die beiden Kugelhälften mit farbigem Klebeband. Fasziniert schaut Ihr Kind zu, wenn die Murmelkugel über den Boden kullert.

55

Es gibt Spieltelefone, bei denen ein Lied zu hören ist, wenn man den Hörer abnimmt.

Telefon-Untersuchung

Das Telefon ist eines der interessantesten Geräte in einem Haushalt – jedenfalls wenn man schon bald seinen ersten Geburtstag feiert. Manchmal läutet es schrill. Oder es gibt wohlklingende Tonfolgen von sich. Und wenn man den Hörer abnimmt, hört man es tuten oder Stimmen… Wenn Ihr Kind den Apparat erreichen kann, wird es ihn untersuchen. Auch auf Spieltelefone „fährt es voll ab“.

Das sollten Sie kaufen: ein Babyzentrum

Es gibt viel schönes und durchdachtes Babyspielzeug. Nur weniges aber muß man wirklich kaufen. Vieles kann man selbst herstellen. Das gilt aber nicht für das sogenannte Babyzentrum. Besonders empfehlenswert sind solche, die nicht nur für die kurze Zeit interessant sind, in der sich die Babyhand in allerlei Tätigkeiten üben möchte, sondern die später auch noch für andere Spiele zu gebrauchen sind.
Das gilt zum Beispiel für das sogenannte Spiel- und Bauset von Duplo. Hier sind die Funktionen wie Drehen, Schieben, Läuten, Knopfdrücken auf einem Bauelement untergebracht, das sich später in alle Duplo-Bauten einbauen läßt. Das Spiel- und Musik-Center von Fisher-Price ist zugleich eine Spieluhr, die sicher noch lange reizvoll bleibt. Das gilt auch für das von Schildkröt/Schmidt. Solche Babyzentren können am Bett oder Laufställchen befestigt werden.

Schnee- und Eiswunder

56

Schnee ist weiß und kalt und schmilzt auf der Hand. Sehr spannend für Ihr Baby!

Wenn es schneit, versuchen viele der etwa einjährigen Babys, ein paar Flocken zu fangen. Es ist für sie befremdlich, daß die Flocken immer so schnell von der Hand verschwinden. Der Spieltrieb ist aber stark genug, daß sie es immer wieder versuchen. Machen Sie mit, und zeigen Sie dem Kind, daß die Flocken auch auf Ihrer Hand schmelzen. Formen Sie dann auch einmal einen Schneeball. Werfen Sie ihn ganz vorsichtig Ihrem Kind in die Hände! Oder reiben Sie ihm damit einmal ganz sacht durchs Gesicht.

57

Mit Blättern zu spielen macht am meisten Spaß, wenn sie der Herbst schön bunt gefärbt hat.

Blätter-Spiele

Baby sitzt auf einer warmen Decke im Park – drumherum das Laub, das der leichte Wind ein bißchen aufwirbelt. Das Kind schaut und staunt, greift nach den bunten Blättern. Hat es eins erwischt, schaut es sich das von allen Seiten an. Schön ist es, wenn ein größeres Kind mit Ihrem Baby spielt, dem zu solchen Natur-Spielzeugen meist mehr einfällt als Erwachsenen.

58

Wir brauchen:
- **1 Taschenspiegel**

Sonnenspiegel

Sie sitzen mit dem Kind in der warmen Sonne. Mit dem Taschenspiegel lassen Sie den hellen Lichtfleck der Sonne einen Baumstamm hochklettern, vom Ast springen und über den Rasen laufen. Wenn das Kind schon krabbeln kann, könnte es auch versuchen, den Lichtfleck im trockenen Gras zu fangen! Und selbstverständlich sorgen Sie dafür, daß ihm das auch gelingt!

59

Schon zum ersten Geburtstag sollten Sie Ihrem Kind Bilderbücher schenken.

Bilderbücher

Es gibt Bilderbücher aus Stoff, mit denen man auch kuscheln kann. Es gibt Bilderbücher aus Holz, die man aufstellen kann. Es gibt Bilderbücher aus Kunststoff, mit denen man in die Wanne steigen kann. Das alles kann ein Einjähriges schon gut gebrauchen.

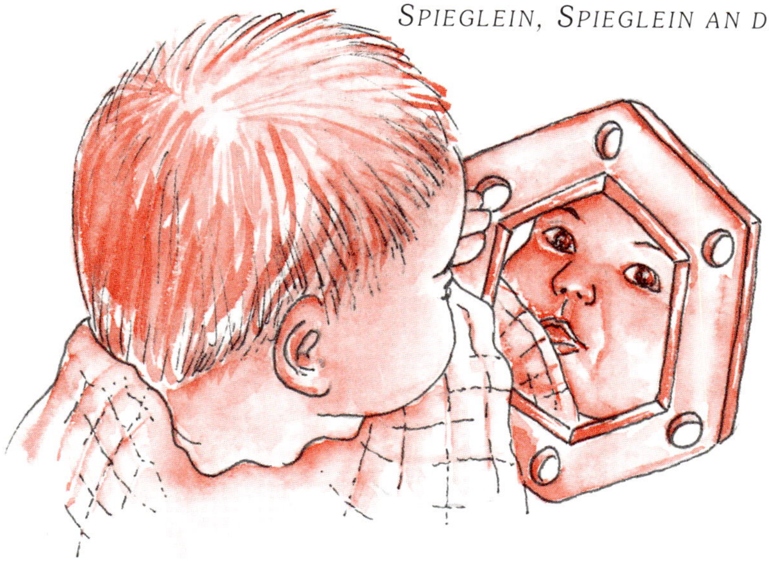

Spiegel-Spiele

Wenige Dinge begeistern Kinder im zweiten Halbjahr mehr als ein Spiegel. Am besten ist es, wenn Sie das Kind auf den Arm nehmen und sich so vor einen Spiegel stellen. Es wird irritiert sein. Es erkennt die Mutter, die ein Kind auf dem Arm hält. Daß es das selbst ist, darauf kommt es erst später. Machen Sie einen Knicks, eine Verbeugung, kratzen Sie sich am Kopf oder winken Sie. Das Kind wird bald auch selbst etwas ausprobieren. Und hat es begriffen, daß es selbst dieses Bild verändern kann, gerät es fast in einen Rausch, schneidet Fratzen, lacht, hopst auf dem Arm vor Vergnügen! Aber stets bleibt das Staunen. Ihr Kind patscht gegen den Spiegel. Das Spiegelbild von der Mutti ist glatt und kalt. Nein, die Mutti ist das nicht, aber es sieht doch so aus.
Und dieses Spiel machen wir auch mit dem Luftballon, der Laterne, der Taschenlampe oder so manch anderem, das die Augen erfreut.
Ganz allmählich begreift das Kind, daß es sich selbst im Spiegel sehen kann!

Vorsicht, daß der Spiegel nicht bricht! Ganz ohne Hilfe geht es noch nicht.

Im zweiten Jahr

Das Kind genießt jetzt Schwung und Tempo 50

Am Strand 59

Im Schwimmbad 60

Erste Erfahrung im Schnee 64

Mit Melodie und Rhythmus 66

Rhythmus und Verse 67

Auf dem Weg zum Sprechen und Verstehen 72

Erstes Ordnen und Gestalten 74

Bauen und Legen 76

Das Kind genießt jetzt Schwung und Tempo

Ein Jahr alt! Nun soll die Welt im Sturm erobert werden! Eine abenteuerliche, aufregende Zeit – für das Kind und für die Eltern. Sorgen Sie dafür, daß Ihr Kind in der Wohnung nicht zu Schaden kommen kann (siehe Checkliste im Anhang). Vorsicht ist auch auf Straße und Bürgersteig geboten: Das Kind ist zum Beispiel mit seinem Rutscherauto blitzschnell auf der Fahrbahn.

Beim Krabbeln gibt es keinen Halt mehr. Im Nu ist das Kleine immer da, wo die Großen es nicht haben wollen: an der steilen Treppe zum Beispiel, am heißen Herd, am Fernseher, an der brennenden Kerze oder an der Kanne mit dem frisch aufgebrühten Tee. Aber dieser kleine Mensch kann die Gefahren noch nicht kennen, und darum hat er auch keine Bremse für sein neugieriges und rasantes Rauf und Runter, Vorwärts und Zurück. Sie können Ihr Kind nicht an die Leine legen.

Das Einjährige bezieht sein meist ausgeprägtes Selbstbewußtsein aus dem Erleben, daß es seinen Körper nun immer besser beherrscht. Es ist fasziniert von der Bewegung aus eigener Kraft und auch davon, daß es selbst eine Menge in Bewegung setzen kann. Es scheint, als ginge jetzt alles Lernen auch über die Bewegung.

Eine ganz wichtige Etappe ist das Laufenlernen. Manche Kinder wagen ihre ersten Schritte, ehe sie noch ihr erstes Lebensjahr beendet haben.

Die meisten Kinder lernen zwischen dem zwölften und 15. Monat laufen.

Mit etwa eineinhalb Jahren sollte Ihr Kind wenigstens Anstalten machen zu laufen. Tut es das dann noch nicht, sollten Sie mit dem Kinderarzt darüber sprechen.

Nachdem Ihr Kind seinen ersten freien Auf-Tritt hatte, geht es zuerst meist vorsichtig an Möbeln entlang. Die ersten freien Schritte reißen das Kind dann begeistert mit. Es läuft, um zu laufen, wird zum Dauerläufer. Es genießt diese

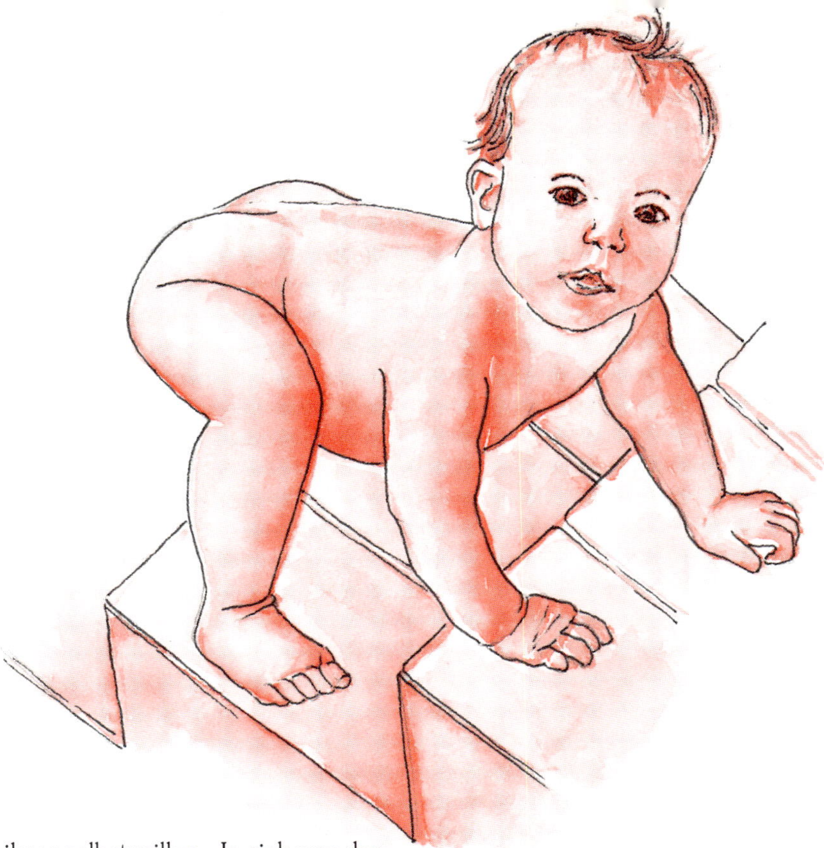

neue Bewegung um ihrer selbst willen. Je sicherer das Kind aber wird, desto mehr verliert sich dieser Selbstzweck. Das Laufen wird Mittel zum Zweck, das Kind läuft, um irgendwohin zu gelangen.

Durch diese neuerworbene Fähigkeit wächst in dem Kind so etwas wie ein Allmachtsgefühl, das die Grundlage für so manche Tränen in der Zukunft bildet. Denn mit der Zeit muß es schmerzhaft lernen, daß es leider doch nicht „alles" vermag und kann.

Doch zunächst überwiegt die Freude am Laufen, und es gewinnt bald Spaß an den ersten Laufspielen – Zeit also auch, um bald regelmäßig den Spielplatz aufzusuchen. Gucken Sie sich den Spielplatz aber kritisch an. Da kann so manches im argen liegen. Worauf Sie achten sollten, sagt Ihnen unsere Checkliste im Anhang.

Treppauf-Treppab

Treppen faszinieren alle kleinen Läufer. Die meisten schaffen es (mit Anfassen) hinauf mit etwa 18 Monaten und hinunter mit etwa 21 Monaten. Aber auch hier gilt: Kleine Persönlichkeiten sind manchmal schneller und manchmal langsamer…

Kurz vor dem zweiten Geburtstag springen die meisten schon von mindestens einer Stufe hinunter.

60

Beide Eltern sind mit von der Partie.

In meine Arme!

Wenn Vater, Mutter und Kind unterwegs sind, ist dies das Spiel, das jeden Spaziergang zum Jubelfest macht: Einer von Ihnen geht ein Stück vor, dreht sich um, breitet die Arme aus und ruft: „Komm in meine Arme!" Bestimmt rennt Ihr Kleines sofort los und stürzt sich auf Sie. Sie freuen sich mit ihm, indem Sie es hochreißen und ein paarmal im Kreis herumwirbeln.

61

Flugzeug

Vater und Mutter haben das Kind in die Mitte genommen und fassen es an beiden Händen fest an. Sie beschleunigen Ihre Schritte, bis das Kleine fast nicht mehr mithalten kann. Dann heben Sie es hoch und lassen es „fliegen".

Bewegungsdrang

Kaum hat das Kind sicher laufen gelernt, entdeckt es immer neue Bewegungsformen: Es will klettern und steigen, hüpfen, balancieren und springen, sich abstoßen und rutschen.
Alle diese Bewegungen können Sie, in kleine Spiele verpackt, üben, so daß das Kind darin immer sicherer wird.

Wilde Jagd

62

Sie gehen in die Hocke. So sind Sie etwa gleich groß wie Ihr Kind und haben ein (gerechtes) Handicap. Dann hüpfen Sie Ihrem Kind nach. Oder kommt es gar nicht zum Wettlauf, weil das Kleine über Ihre komische Haltung so laut lachen muß?

Fangen

63

Sie laufen mit vielen kleinen Trippelschritten hinter Ihrem Kind her. Meistens „können" Sie es nicht einholen und ringen ganz angestrengt nach Luft. Ab und zu muß es aber gelingen, sonst verliert das Spiel den Reiz für Ihr Kind. Dann nehmen Sie es hoch, drücken es an sich und freuen sich mit ihm.

Ball-Jagd

64

Werfen Sie den Ball auf Ihrem Weg ein Stück voraus. Gemeinsam laufen Sie ihm nach. Meist wird das Kind ihn erwischen. Aber ab und zu müssen auch die Eltern Sieger sein, weil sonst keine Spannung aufkommt.

Wir brauchen:
- **1 weichen Ball**

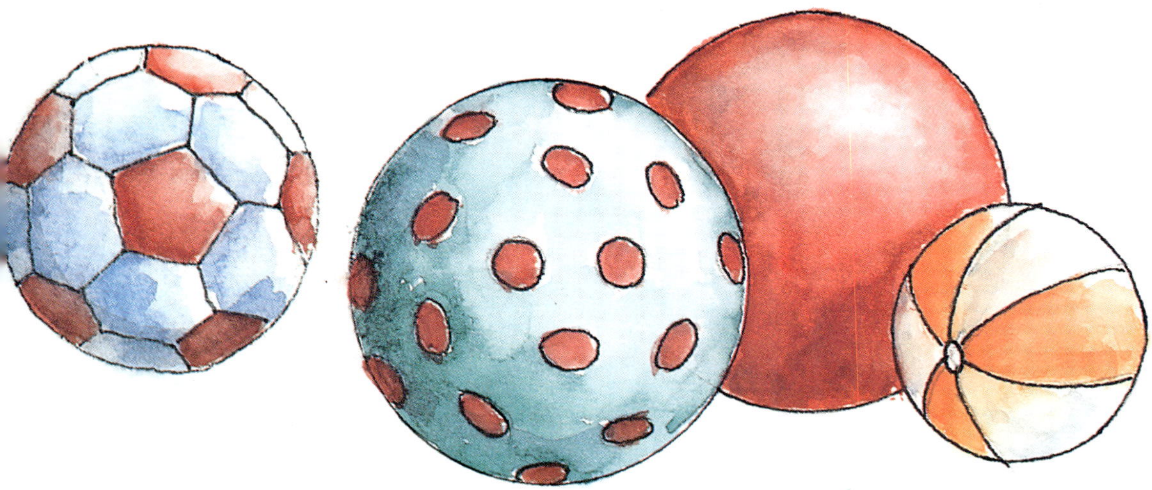

65 Nachzügler

Gern ziehen die meisten Einjährigen ein Nachziehspielzeug hinter sich her. Erschrecken Sie nicht, wenn Ihr Nachwuchs eine umgekippte Ente oder ähnliches scheinbar gefühllos hinter sich herzerrt. Das ist normal.

66 Hindernislauf

Besonders viel Spaß machen Hindernisläufe im Waldgelände.

Sie nehmen Ihr Kind an die Hand: Einen kleinen Hügel hinauflaufen und wieder hinunter, über einen Baumstamm steigen, unter einem Busch durchkriechen. Allmählich löst sich das Kind dann sicher von Ihrer Führung. Fordern Sie es aber dazu nicht auf.

67 Hochsprung

Wir brauchen:
- **1 Seil**

Spannen Sie ein Seil ein paar Zentimeter vom Boden entfernt. Springen Sie mit dem Kind an der Hand einmal drüber. Irgendwann kann das Kind es auch allein. Ist es ganz sicher, kann das Seil ein wenig höher gespannt werden.

68 Balancieren

Baumstämme und niedrige Mauern reizen das Ein- und Zweijährige zum Balancieren, auch der Rand des Sandkastens. Es ist ganz normal, wenn ein Kind dabei die Hand von Vater oder Mutter halten will.

Schlangen-Fangen

69

Wir brauchen:
• 1 Seil

Sie halten ein Seil an einem Ende und lassen es ansonsten lang auf der Erde liegen. Bewegen Sie nun das Seil rasch vor sich her. Es schlängelt sich dann über den Boden. Das Kind soll bei dieser Gelegenheit versuchen, mit bloßen Füßen aufs Seil zu treten.

Pferde-Rennen

70

Sie gehen auf den Boden und machen einen langen Rücken. Das Kind darf aufsitzen. Und los geht der Ritt! Das höchste Vergnügen ist es, wenn zwei Pferde und zwei kleine Reiter ein zünftiges Pferde-Rennen starten!

Verstecken

71

Wir brauchen:
• 1 Ball

Das Kind darf ein Stück vorlaufen und sich verstecken. Die Eltern müssen es suchen. Natürlich schauen Sie ein Weilchen vergebens hierhin und dorthin, ehe Sie das Kind dann entdecken.

Variante: Das Kind versteckt einen Ball. Hilflos irren Sie umher. Wo mag er bloß sein? Nach einer Weile sollten Sie den Ball finden.

Hängematte

72

2 Erwachsene spielen mit.

Ein Erwachsener faßt das Kind an den Fuß-, der andere an den Handgelenken. Und nun schwingt die „Hängematte“ hin und her.

Affenschaukel

73

Sie stehen hinter dem Kind. Sie fassen es in den Kniekehlen, seine Oberschenkel ruhen auf Ihren Unterarmen, und das Kleine umklammert Ihre Arme. Nun schaukelt der kleine Affe zwischen Ihren Beinen.

74–76

Ball-Spiele

Draußen läßt sich mit dem Ball am besten folgendes spielen: ihm nachlaufen, ihn kicken, ihn wegwerfen, in die Höhe oder in die Weite. Auch wenn das Fangen noch nicht klappt, Kinder finden's schön.
Und so spielen Sie im Team: Sie sitzen mit gegrätschten Beinen auf dem Boden, dem Kind gegenüber. Es soll auch die Beine ein bißchen grätschen. Rollen Sie ihm den Ball zu. Es soll ihn zurückrollen. Möglichst immer zwischen die gegrätschten Beine.

74 Schiefe Ebene

Sie knien und stützen sich auf Ihre Arme. Ihr Rücken bildet eine schiefe Ebene. Schafft es Ihr Kind, den Ball darauf hinunterrollen zu lassen?

75 Balltunnel

Sie stehen mit dem Rücken zum Kind und rollen ihm den Ball durch Ihre gegrätschten Beine zu – egal, wie Ihr Kind Ihnen den Ball zurückspielt! Irgendwann ahmt es Sie nach. Wenn es dann auch den Ball durch die gegrätschten Beine rollen kann, gibt es das Tunnel-Spiel: den Ball durch zwei oder drei Beinpaare rollen, die hintereinander stehen.

76 Erster Zielwurf

Ein Papierkorb wird zum Tor erklärt. Erst spielen wir mit dem Kind „den Ball von oben hineinfallen lassen“. Das macht dem Kind schon Spaß. Dann treten wir ein kleines bißchen zurück und versuchen, den Ball wieder in das „Tor“ zu kriegen. Erst der Erwachsene, dann probiert es auch das Kind. Dann gehen wir noch ein bißchen zurück. Mit der Zeit entfernen wir uns bis etwa zu 1 m vom Korb. Wenn das Kind nicht mehr trifft, gehen wir wieder näher. Wir hören auf alle Fälle mit einem „Erfolgserlebnis“ auf. Das Kind hat keine Lust mehr? Macht auch nichts.

Karussell

77

Sie stehen hinter dem Kind, schieben Ihre Arme unter seinen Achselhöhlen durch, verschränken Ihre Hände vor seiner Brust. Nun fangen Sie an, sich zu drehen; so fliegt es hoch und im Kreis herum, daß es sich vorkommt wie im Kettenkarussell.

Durch die Brücken!

78

Ein Spiel für mehrere Kinder mit mehreren Erwachsenen.

Die Erwachsenen gehen auf die Knie, stützen sich mit den Händen auf und bilden so Brücken. Die Kinder sollen unter den Brücken durchkrabbeln. Unter den Brücken können die Kinder auch Fangen spielen.

Kissenschlacht

79

Wir brauchen:
- **viele leichte Kissen**

Sich mit Kissen bewerfen ist eine Lust, wenn es mal Zoff gegeben hat. Da finden die Aggressionen ein ganz ungefährliches Ventil, und meist löst sich der anfängliche Ärger dann in fröhliches Lachen auf. Weiche Kissen tun nicht weh. Man sollte aber die Kissenschlacht in einem Raum anzetteln, in dem keine kostbaren Vasen oder Hi-Tech-Geräte gefährdet sind.

80

Wir brauchen:
- **viele Kissen**

Kissenstrecke

Wir legen viele Kissen hintereinander und bilden damit einen Weg. Schnell drüberlaufen, ohne von einem Kissen abzurutschen, ist für Eltern und Kinder gleichermaßen vergnüglich (und für die Kinder zudem ganz schön schwierig). Wenn die Kinder schon gut laufen können: Aus einem Kissenweg werden einige Kissen entfernt – über den Weg laufen und über die Lücken springen.
Zum Schluß kann man noch einen großen Kissenberg auftürmen, sich dahinter verstecken oder hineinkriechen und den Berg mit „Naturgewalt" von innen sprengen. Auch hier können sich Aggressionen gut entladen.

81

Wir brauchen:
- **1 Decke**

Deckenschaukel

Das Kind liegt in der Mitte einer Decke. Zwei Erwachsene packen, sich gegenüber stehend, an beiden Seiten an. So können Sie das Kind in der Decke schaukeln.

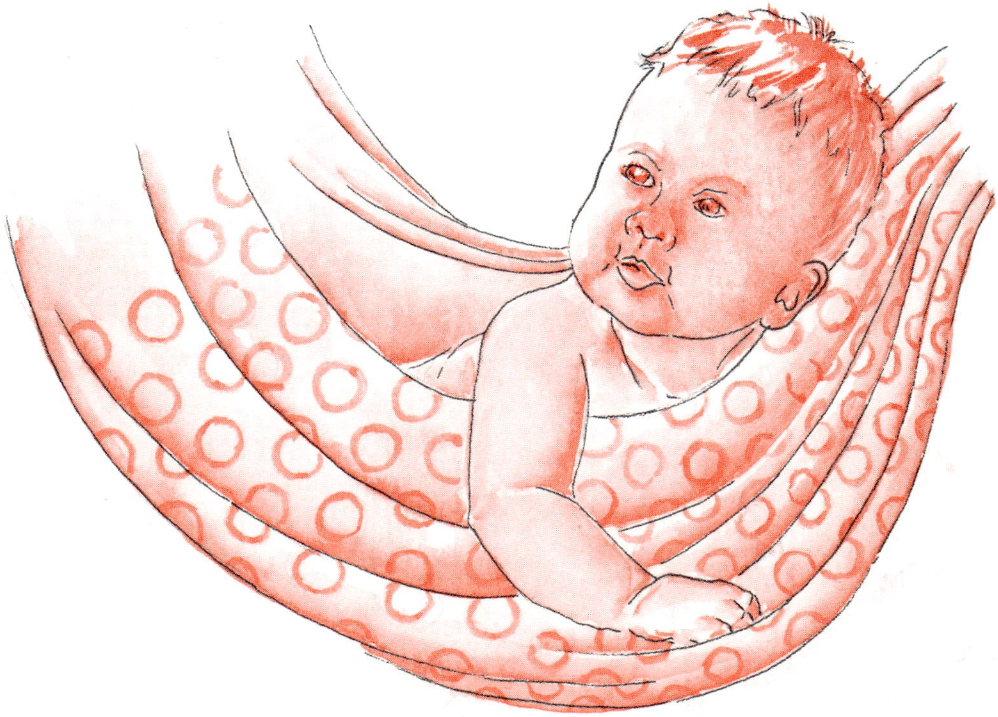

Am Strand

Freiheit für den Popo!

Wenn Ihr Kind älter als 18 Monate ist, sollten Sie Ihren Urlaub möglichst an einem warmen Sandstrand verbringen. Gewähren Sie Ihrem Kind hier viel Freiraum, und lassen Sie es so oft wie möglich ohne Windeln laufen; dann kann es seine ersten Erfahrungen machen, die ihm helfen, seine Blase und den Darm zu kontrollieren. Dazu ist nämlich das Empfinden der herunterrinnenden oder auch der herausdringenden Ausscheidungen von größter Bedeutung. Wenn das Kind die Windeln anhat, kann es den Vorgang der Ausscheidung längst nicht so deutlich wahrnehmen und kontrollieren, wie wenn es nackt am Strand herumläuft.

Schon so manches Kind ist in einem solchen Urlaub ohne jegliche Hilfe oder Anforderung der Eltern ganz von allein „sauber“ geworden. Einfach weil es Spaß macht, „größer“ zu werden. Und weil es Spaß macht, mit der Kontrolle der Schließmuskeln zu reagieren. Aber, wie gesagt, das geht frühestens so ab dem 18. Monat.

Wenn das Kind zu Hause seine frischerworbenen Fähigkeiten wieder vergißt, dann hat es sich diesmal noch ein bißchen übernommen. Freuen Sie sich, daß es schon mal soweit war. Im nächsten Urlaub klappt's bestimmt.

Einbuddeln

82

Ein merkwürdiges Gefühl, die eigenen Füße oder gar die ganzen Beine einzubuddeln. Man kann auch Vater und Mutter einmal einbuddeln – bis hoch zum Kopf!

Oder ein Ball wird verbuddelt. Dann soll er gesucht werden! Dafür darf immer nur eine bestimmte kleine Fläche ausgewählt werden, sonst findet das Kind ihn nicht.

Wir brauchen:
- **1 Ball**

Paddelboot

83

Das Kind darf im hüfthohen Wasser, mit Schwimmflügeln gesichert, auf der Luftmatratze liegen und mit den Händen paddeln. Papa oder Mama geht nebenher und paßt auf.

Wir brauchen:
- **1 Luftmatratze**
- **Schwimmflügel**

Im Schwimmbad

84

Hier spielen im flachen Wasser 2 Erwachsene und 1 Kind.

Fährverkehr

Die Großen stehen etwa 1 Meter auseinander. Das Kind schwimmt von einem zum anderen. Zunächst kriegt es etwas Schwung mit, und von „drüben" werden ihm Arme entgegengestreckt. Und so geht der Fährverkehr hin und her, hin und her …

Am besten sind Oberarmschwimmhilfen, also Schwimmflügel oder -manschetten. Verwenden Sie nur solche mit dem Aufdruck „geprüfte Sicherheit", und behalten Sie Ihr Kind trotzdem immer im Auge. Denn Schwimmhilfen sind keine Babysitter!

Wenn Sie mit Ihrem Kind im Schwimmbad sind, gehen Sie natürlich mit ins Wasser! Sie können das Kleine auf dem Arm halten, es aus dem Wasser heben und wieder ins Wasser bringen. Sie können es auf Ihrer flachen Hand ein wenig hin und her schieben, es beim Rückenschwimmen auf Ihren Bauch setzen.
Ungehemmter aber kann das Einjährige spielen, wenn es mit einer Schwimmhilfe ausgestattet ist. Sie hält das Kind in einer stabilen Lage im Wasser, und der Auftrieb greift ihm im wahrsten Sinne des Wortes unter die Arme. Es hängt relativ senkrecht im Wasser und kann sich bald frei ein wenig vorwärts bewegen, auch von den Eltern weg und wieder zu ihnen hin.

85

Wir brauchen:
• 1 Badepuppe

Erste Ziele

Wir spielen im flachen Wasser. Die Badepuppe bringen wir etwa 2 Meter vom Kind entfernt ins Wasser. Ob das Kind es schafft, sich das Treibgut zu holen?

86

Das Kind hat Schwimmflügel an.

Treib-Jagd

Wir sind im flachen Wasser. Die Badepuppe legen wir dem Kind „vor die Nase" und fordern es auf, sie zu Vater oder Mutter zu bringen, indem es die Puppe schwimmend vor sich hertreibt.

87

Wir brauchen:
• 1 Luftballon

Seewind

Wir sind im flachen Wasser. Luftballon aufblasen und dem Kind „vor die Nase" aufs Wasser legen. Es soll Wind spielen und ihn durch Pusten übers Wasser bewegen. Wohin? Auf Sie zu natürlich. Oder?

88

Wir brauchen:
• 1 Schwimmring

Schieber

Das Kind hängt im Ring. Sie nehmen den Ring und schieben ihn vorsichtig vor sich her. Wenn es Ihrem Kind gefällt, wird die Geschwindigkeit erhöht.

89

Ein Spiel für alle Schwimmorte.

Ringkarussell

Das Kind hängt im Ring. Bewegen Sie diesen, indem Sie sich um Ihre Achse drehen, langsam im Kreis herum, dann auch ein kleines bißchen schneller – aber vorsichtig, damit Ihr Wasserfrosch nicht abrutscht.

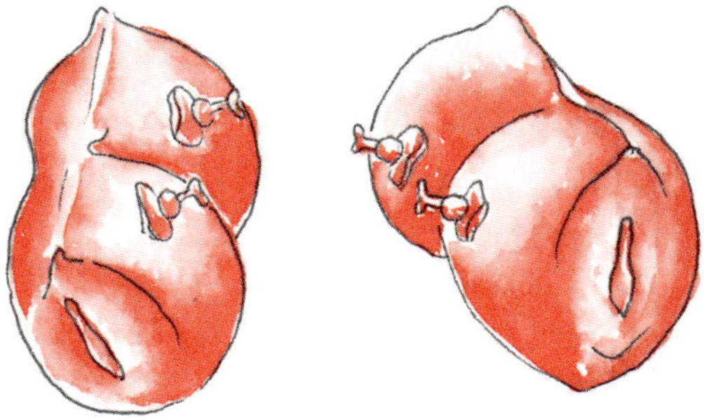

Froschhüpfen

90

Für alle Schwimmorte mit flachem Wasser geeignet.

Das Kind hängt im Schwimmring. Sie drücken diesen unter Wasser, ohne aber das Kind unterzutauchen. Dann lassen Sie den Ring los. Hops, schnellt er hoch! Und mit ihm Ihr Kind. Es kann dann auch versuchen, den Ring selbst hinunterzudrücken und hochzuhopsen wie ein kleiner Wasserfrosch.

Floßfahrt

91

Wir brauchen:
- **1 Luftmatratze**

Wir spielen im flachen Wasser. Das Kind liegt auf einer Luftmatratze. Sie schieben das Gefährt durch das Wasser. Die meisten Kinder brauchen eine Weile, ehe sie sich an den schwankenden Untergrund gewöhnt haben. Wenn Ihrem Sprößling das Floßfahren auf Anhieb nicht behaglich ist, nehmen Sie ihn also erst einmal wieder herunter. Sie haben ja so viel Zeit, es später noch einmal zu versuchen. Hat sich Ihr Kind einmal an die „Planken" gewöhnt, wird es viel Spaß bei solchen Floßfahrten haben.

Kleiner Springer

92

Hat sich das Kind schon gut an das Bewegen im Wasser gewöhnt, so kann es seinen ersten Sprung wagen. Es sitzt am Beckenrand. Sie stehen im Becken direkt vor ihm. Sie heben es herunter, und mit Schwung geht es ins Wasser. Vorsicht, daß keine Spritzer in die Augen kommen. Das Kind bestimmt, wann's tiefer gehen soll.

Erste Erfahrung im Schnee

In jedem Winter ist Schnee ein neues Erlebnis für ein Kind. Schneebälle formen kann ein Einjähriges noch nicht. Aber gern macht es mit beim Schnee-Aufwirbeln: in die Hocke gehen und den Schnee mit beiden Händen hochwerfen, sich einschneien lassen. Davon kriegt Ihr Kind nicht so schnell genug!
Wenn das Kind sicher sitzen kann, ist es kein Problem, es auf dem Schlitten durch die verschneite Landschaft zu ziehen; dennoch kann es das Gleichgewicht verlieren, zum Beispiel wenn ein Buckel überfahren wird. Sicherheit und festen Halt bietet da ein Babysitz.
Zum Rodeln setzen Sie sich ohne Babysitz auf den Schlitten und nehmen das Kind zwischen die Schenkel. So sitzt es sicher. Suchen Sie sich trotzdem für die ersten Rodelpartien kurze und sanfte Hügel aus. Denn gute Anfangserfahrungen machen Ihr Kind stark und mutig.
Liegt einmal auf einem Feld oder auf einer Wiese eine dicke Schneedecke, laufen Sie durch den Tiefschnee, so daß er richtig aufgewirbelt wird. Schnell wird Ihr Kind Ihrem Beispiel folgen. Im Tiefschnee zu laufen ist gar nicht leicht. Schon wieder ein ganz neues Laufgefühl. Aber auch das Hinfallen gehört dazu. Es tut ja kaum weh im weichen Schnee.

Gute Anfangserfahrungen beim Schlittenfahren machen Ihr Kind stark und mutig.

Schneeschmelze

93

Schmelzender Schnee begeistert das Kind in jedem Alter aufs neue. Nehmen Sie ein wenig Schnee in die Hand, und zeigen Sie ihn Ihrem Kind. Es soll seine Hand darauflegen. Ein kurzer Augenblick – und der Schnee ist weggezaubert. Dafür liegen Wassertröpfchen da. Sie können Ihrem Kind getrost sagen: „Der Schnee ist geschmolzen.“ Es wird das nicht verstehen, aber erst einmal so hinnehmen.

Spuren-Spiel

94

Vater geht durch vorher unberührten Schnee. Mutter geht durch unberührten Schnee. Das Kind geht durch unberührten Schnee. Sie betrachten die Abdrücke. Man kann auch mit den Händen, mit den Fingern, mit der Nase Abdrücke zaubern in den Schnee.

Schneesturm

95

Frischgefallener, weicher Schnee. Wir gehen tief hinunter mit dem Kopf, so daß der Mund dicht über der Schneefläche ist. Und nun wird kräftig geblasen! Da gibt es ein kräftiges Schneegestöber!

Mit Melodie und Rhythmus

Krach machen macht Spaß! Dabei merkt ein Kind besonders gut, daß es selbst schon etwas bewirken kann. Erstens kann es Töne erzeugen, und zweitens kann es damit die Aufmerksamkeit seiner näheren Umgebung auf sich ziehen. Kein Wunder also, daß Krachmachen äußerst reizvoll ist. Doch diese Leidenschaft (die – wie viele Eltern aus Erfahrung bestätigen können – wirklich manchmal Leiden schafft) können Sie durchaus in ruhigere Bahnen lenken. Melodie und Rhythmus können dieselben Funktionen erfüllen. Und darum begeistern Melodie und Rhythmus Kinder von Anfang an.

Rhythmus und Verse

Schon für das erste Lebensjahr habe ich Finger-Spiele vorgestellt, die mit rhythmischen Versen verbunden sind (siehe Nr. 41 f.). Die sind auch jetzt noch besonders beliebt und bleiben auf der Tagesordnung. Aber nun darf ein solches Finger-Spiel auch schon einmal ein wenig länger sein.

Himpelchen und Pimpelchen

96

Himpelchen und Pimpelchen
stiegen auf einen Berg.
Himpelchen war ein Wichtelmann,
und Pimpelchen war ein Zwerg.
Sie blieben lange da oben sitzen
und wackelten mit den Zipfelmützen.
Doch nach fünfundsiebzig Wochen
sind sie in den Berg gekrochen,
schlafen dort in guter Ruh.
Sei mal still und hör schön zu: Ch-ch-ch.

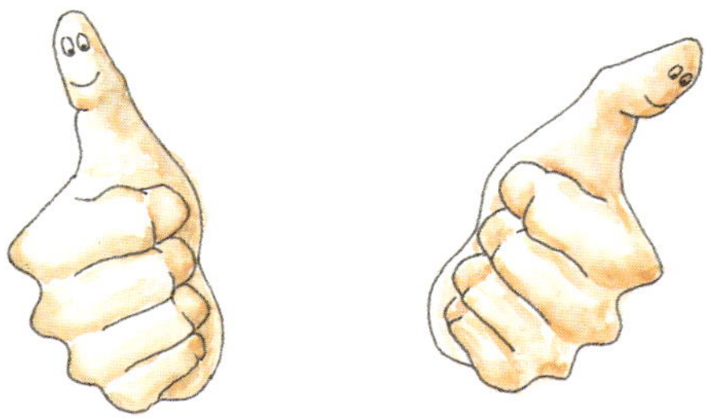

Die beiden Daumen gucken aus der geschlossenen Faust hervor – zwischen Zeigefinger und Mittelfinger. So steigen sie den Berg hinauf: Die Fäuste steigen immer höher in die Luft, soweit die Arme hochreichen. Die Daumen gucken von oben herab und wackeln befriedigt hin und her. Zuletzt kriechen sie in die Fäuste.

Zehn kleine Zappelmänner

97

Zehn kleine Zappelmänner
zappeln hin und her,
zehn kleine Zappelmänner
finden gar nichts schwer.
Zehn kleine Zappelmänner
zappeln auf und nieder,
zehn kleine Zappelmänner
tun das immer wieder.

Alle 10 Finger werden bewegt, zusätzlich kommen auch die Arme tüchtig in Schwung. Beim letzten Vers verschwinden Ihre Hände hinter Ihrem Rücken.

Zehn kleine Zappelmänner
zappeln ringsherum,
zehn kleinen Zappelmännern
scheint das gar nicht dumm.
Zehn kleine Zappelmänner
spielen gern Versteck,
zehn kleine Zappelmänner
sind auf einmal weg!

98 Katzen können Mäuse fangen

Die Finger Ihrer rechten Hand sind die Mäuse, die auf dem Dach – auf dem Handrücken des Kindes – tanzen. Ihre linke Hand ist die Katze, die sich anschleicht – je näher, um so bedrohlicher wird Ihre Stimme. Wenn die Katze die Mäuse fängt, greift Ihre Linke nach den Fingern Ihrer Rechten und nach der Kinderhand.

Katzen können Mäuse fangen,
haben Krallen wie die Zangen,
schlüpfen durch die Bodenlöcher,
auch zuweilen auf die Dächer.
Mäuschen mit den Ringelschwänzchen
machen auf dem Dach ein Tänzchen.
Leise, leise kommt die Katz,
hat sie all mit einem Satz!

99 Du bist ein kleiner Nackedei

Mit betontem Rhythmus beim Baden sprechen.

Du bist ein kleiner Nackedei,
du bist Hans Pitschenaß.
Und wie dich Gott erschaffen hat,
so setz' ich dich ins Faß.

100 Mein, dein, sein

Ein Vers vor dem Essen.

Mein, dein, sein,
der Tisch, der ist noch rein,
der Magen ist noch leer
und brummt wie ein Bär.

101

Tröstende Verse

Denkt euch nur, der Frosch ist krank,
da liegt er auf der Ofenbank,
quakt nicht mehr, wer weiß wie lang,
denkt euch nur, der Frosch ist krank.

Heile, heile Segen,
sieben Tage Regen,
sieben Tage Sonnenschein,
dann wird alles heile sein.

Heile, heile Gänschen,
das Gänschen hat ein Schwänzchen,
heile, heile Katzendreck,
morgen ist alles wieder weg!

Wo tut es weh?
Hol ein bißchen Schnee,
hol ein bißchen kühlen Wind,
dann vergeht es ganz geschwind!

Rhythmen klatschen

102

Auch einfache Rhythmen kann ein Kind im zweiten Lebensjahr noch nicht mit- oder nachklatschen. Aber es liebt sie sehr. Darum klatschen Sie mit, wenn Musik gemacht wird. Man kann Rhythmen auch klopfen, summen, nach ihnen gehen und tanzen.
Später wird das Kind – zunächst vielleicht zufällig, dann auch gezielt – rhythmische Geräusche erzeugen.

103

Handtrommeln

Wir brauchen:
- **1 kurze Bilderrolle mit dem dazugehörigen Packdeckel**
- **1 Blechdose mit Deckel (keine scharfen Kanten!)**
- **1 Pappschachtel**
- **1 Zigarrenkistchen**
- **mehrere Holzlöffel**
- **mehrere Metallöffel**
- **einige Kunststoffstäbe**

Bilderrolle, Blechdose, Pappschachtel und Zigarrenkistchen werden zu Handtrommeln, Holz- und Metallöffel sowie Kunststoffstäbe werden Schlegel. Wenn Sie noch andere trommeltaugliche Funde machen, immer her damit! Eine bunte Sammlung muß es sein. Denn jedes Material klingt anders, wenn es angeschlagen wird, größere Trommeln klingen anders als kleine, dickwandige anders als dünnwandige. Unterschiedliche Töne werden auch erzeugt, wenn man mal mit einem Finger, mal mit der Handkante, mit der Faust, mit einem Holzlöffel oder einem Kunststoffstab trommelt.

104

Rasselmarsch

Wir brauchen:
- **Joghurtbecher**
- **feste Folie**
- **Gummiringe**
- **Knöpfe**
- **Kieselsteinchen**
- **Murmeln**
- **Holzperlen**
- **Büroklammern**
- **Sand**

Die Joghurtbecher werden mit Knöpfen, Kieselsteinchen, Murmeln, Holzperlen, Büroklammern, Sand und dergleichen als ganz unterschiedlichem Rasselmaterial gefüllt. Sie werden mit einem Stück Folie und einem Gummiring verschlossen. Schon sind eine Menge Rasseln fertig.
Am schönsten ist es natürlich, wenn mehrere Kinder dazu laufen und mehr oder weniger im Takt rasseln. Sie könnten dazu singen und den klaren Takt dazu klatschen oder ihn anschlagen.

Tanzen nach Musik

Wenn Ihr Einjähriges auf eigenen Füßen steht, wird unübersehbar, welche Art Musik es besonders anspricht. Wenn es ganz für sich ist und Musik aus dem Radio zu hören ist, fängt es bei seinem Lieblingsrhythmus an, sich auch rhythmisch zu bewegen. Stören Sie es dabei nicht. Aber bei anderer Gelegenheit tanzen auch Sie einmal zu derartigen Melodien. Sicher hat das Kind Spaß daran, dann mit Ihnen zusammen zu tanzen.

Turmgeläut

105

Aus den Blechdosen bauen wir mit dem Kind einen Turm. Die Dosen werden der Größe nach aufgetürmt, damit ein einigermaßen stabiles Bauwerk entsteht. Mit dem Holzstab darf das Kind den Turm erst unten und dann immer höher anschlagen. Das klingt nicht schlecht. Natürlich darf der ganze Turm auch zeigen, was an Klängen in ihm steckt, wenn er umgestoßen wird.

Wir brauchen:
- **Blechdosen unterschiedlicher Größe (ohne scharfe Kanten)**
- **1 Holzstab**

Musikalische Hausschuhe

106

Heften Sie an die Hausschuhe Ihres Kindes ein paar kleine Glöckchen (siehe Zeichnung). Dann gibt es beim Tanzen und Laufen musikalische Begleitung. Das gleiche kann man natürlich auch mit Handschuhen machen.

Wir brauchen:
- **pro Schuhpaar 6 kleine Glöckchen (Spielwarenladen)**
- **Nadel und Zwirn**

Wasserballett

107

Im Planschbecken oder am flachen Strand, wo das Wasser nur bis zur Wade reicht, kann man auch herrlich Wasserballett tanzen. Bei leiser Musik ist es am schönsten.

Wir brauchen:
- **1 Kassettenrekorder**

Auf dem Weg zum Sprechen und Verstehen

108

Wörter sammeln

Wir brauchen:
- **1 Pappbilderbuch mit einzeln abgebildeten Gegenständen**

Es gibt Pappbilderbücher, bei denen auf jeder Seite nur ein liebevoll gemalter Gegenstand zu sehen ist, den das Kind auch aus seiner Umgebung kennt: Ball, Puppe, Vogel, Haarbürste, Hose, Auto usw.
Benennen Sie, was Sie und Ihr Kind anschauen: „Das ist ein Ball!“, „Schau, ein Teddy!“, „Da ist ja eine Haarbürste!“. Und wundern Sie sich nicht, wenn Ihr Kind zigmal auf dasselbe Bild zeigt und „Dada?“ fragt.
Wiederholen Sie das Wort. Irgendwann spricht es das Kleine dann aus – auf seine Art. Ab und zu sollten Sie auch mal einen Gegenstand herbeiholen, der im Bilderbuch abgebildet ist. „Da ist ja ein Ball zu sehen!“ könnten Sie sagen und aufstehen, um den Ball Ihres Kindes zu holen. „Und das ist dein Ball!“ Legen Sie ihn neben das Bild vom Ball. Das Kind ist zunächst sicher irritiert. Solche Irritation setzt Lernenergien frei.

109

Erstes Erzählen

Wir brauchen:
- **Bücher mit Abbildungen mehrerer Dinge auf einer Seite**

Ab der Mitte des zweiten Lebensjahres dürfen es dann auch schon einmal Bücher sein, die auf jeder Seite mehrere Dinge zeigen, die in einer bestimmten Beziehung zueinander stehen.
Erzählen Sie dem Kind eine kleine Geschichte dazu. Wer sitzt in dem Flugzeug über den Wolken, und wo will er hin?

Will die Stute ihr Fohlen gerade säugen, spielen Hündin und Welpen miteinander? Sie können das eine oder andere dann auch, mit Ihrem Kind auf dem Schoß, auf dem Boden spielen. Anschauen, erzählen und spielen gehen in diesem Alter oft ineinander über.

Frage-und-Antwort-Spiel

Gegen Ende des zweiten Lebensjahres finden die meisten Kinder Freude an Frage-und-Antwort-Spielen, die ihren Körper und die nächste Umgebung betreffen.
„Das ist meine Hand", sagen Sie und zeigen ihm die Hand. „Wo ist deine Hand?"
Sie werden sich freuen, wieviel Ihr Kind schon versteht, obwohl Kinder am Ende des zweiten Lebensjahres meist noch nicht mehr als zehn bis 20 Wörter sprechen können und sie auch nur in Zweiwortsätzen verwenden wie etwa: „Baba Aaabeit!", „Mama Auto!".
Die Geschichten, die Sie Ihrem Kind erzählen oder vorlesen, die Kinderverse und -lieder, die kleinen Frage-und-Antwort-Spielchen – das alles wird seine Sprach- und Sprechfähigkeit so fördern, daß Sie in den nächsten Monaten aus dem Staunen nicht mehr rauskommen.

110

„Wo ist deine Nase?"
„Wo ist dein Mund?"
„Wo sind deine Augen?"
„Wo ist dein Ball?
Hol ihn, dann spielen wir mit ihm!"

Bilderbücher im zweiten Jahr

Im zweiten Lebensjahr kann die Lesebibliothek Ihres Kindes, die bisher aus Stoff-, Plastik- und Holzbüchern bestand, durch Pappbilderbücher ergänzt werden. Aus stabiler Pappe müssen sie schon sein, vielleicht mit Ringbindung; jedenfalls dürfen sich die Bücher nur schwer auseinanderreißen lassen. Auch Leporellos aus Karton sind prächtig. Man kann sie aufstellen und wunderbar in bequemer Bauchlage betrachten. Besonders beliebt sind in diesem Alter ebenfalls die „Gucklochbücher", mit denen man herrlich spielen kann.
Eins dürfte schon gleich zu Anfang aller Bucherfahrung stehen: Von Büchern kann man nie genug haben! Anschauen, wozu man gerade Lust hat – hier ist Unersättlichkeit erlaubt!

Erstes Ordnen und Gestalten

„Ich kann etwas verändern!“ Diese Erfahrung ist für jeden Menschen eine Offenbarung. Die Anfänge dafür liegen meist im zweiten Lebensjahr.

Kakao ist auf den Tisch geschwappt. Das Einjährige taucht versonnen einen Finger in die braune Pfütze, zieht eine Spur. Es entsteht etwas, eine Linie – ein Bach, der in einen See mündet? Dann wird eher eine Spinne daraus. Oder eine Sonne?

Was wir da hineindeuten, das interessiert das Kind noch nicht. Fasziniert ist es von den braunen Spuren, die es da auf dem Tisch hinterläßt. Das habe ich gemacht! Darin liegt viel Stolz. Es strahlt. Lustvoll wird es versuchen, immer wieder Spuren zu hinterlassen, mit Handcreme und Sahne, mit Brei und mit den eigenen Exkrementen, mit Finger- und mit Wachsmalfarben.

Da ruhen die Bausteine in der Tonne. Das Kind schüttet sie polternd auf den Boden. Es ordnet sie neu, schiebt sie zusammen, hin und her, sucht einen heraus, betrachtet ihn genauer, ordnet die Steine zu Haufen, Reihen – und sammelt sie wieder ein. Das Kleine will Puzzleteile zusammenlegen, Baukastenbilder neu zusammensetzen.

Es gibt viele einfache Spiele, die diesen Wunsch, etwas zu verändern, zu ordnen oder zu gestalten, in schönster Weise unterstützen.

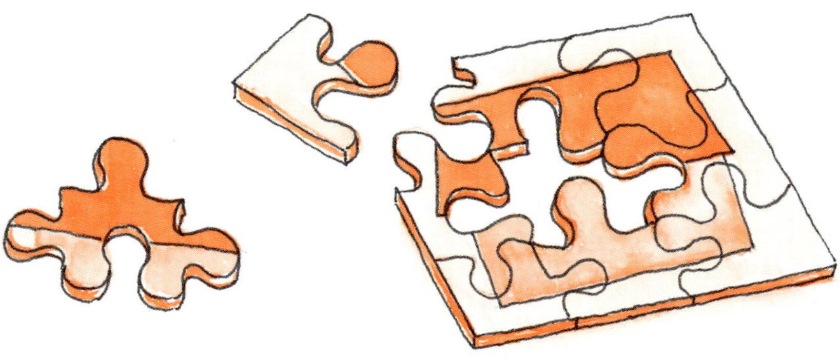

RESCUE

Bauen und Legen

111 Bauen mit Abfall

Heben Sie alles auf, was sich zum Bauen verwenden läßt: leere Garn- und Klorollen, verschieden große Schachteln, Streichholzschachteln (Reibflächen ablösen oder abschmirgeln), Joghurtbecher, Konservendosen (wenn sie keine scharfen Kanten haben!), Eierkästen. Alles, was sich

Noch einmal: Holzbausteine

Daß Holzbausteine ein Muß sind, habe ich schon auf Seite 36 gesagt. Im zweiten Lebensjahr kommen zu den bunten auch ungefärbte Holzklötze dazu. Wichtig: Die Klötze müssen unbedingt gleich groß oder in der Größe genau aufeinander bezogen sein, und zwar millimetergenau. Das bedeutet: Jeder Quader ist genauso groß wie die anderen Quader, jeder Würfel ist genauso groß wie die anderen Würfel.
Oder der Quader hat die gleiche Höhe oder die gleiche Breite und ist exakt doppelt so lang wie der Würfel usw.
Für den Moment mag das noch unwichtig erscheinen, aber die Klötze bleiben ja über Jahre hinaus interessant und werden immer mal wieder hervorgeholt. Und wenn die Bauten später etwas komplizierter werden, ist es sehr wichtig, daß eine solche Genauigkeit gegeben ist.
Im zweiten Jahr legen die meisten Kinder mit Bauklötzen lange Reihen oder bauen auch kleine Mauern. Ihr erstes Ordnen ist eine Art Ausrichtung. Mit kleinen Türmen wagen sie sich dann auch schon in die dritte Dimension.

stapeln läßt, ist geeignet, Türme zu bauen. Man kann das alles auch sortieren oder in der Phantasie verwandeln. So wird aus einem Schuhkarton ein Puppenbett, aus Joghurtbechern werden Wigwams!

Bauen mit Systembauteilen

Es gibt verschiedene Bausysteme, die sich auch schon für ein Kind im zweiten Lebensjahr anbieten. Besonders empfehlenswert ist Duplo, weil bei diesem System garantiert ist, daß das Kind ihm nicht zu schnell entwächst. Erstens läßt schon dieses Kleinkind-Bausystem auch kompliziertere Bauten zu, die erst Vierjährige zustande bringen. Zweitens aber – und das ist das wichtigste – fügt sich Duplo auch problemlos ins Legosystem ein, das bis in die späte Kindheit interessant bleiben kann.

Eine weitere gute Möglichkeit, mit Systembauteilen schon umzugehen, sind die BIG-Bauriesen. Aus diesen ebenfalls genormten Teilen lassen sich schnell Großbauten errichten. Zuerst ist auch hier das Bau*erlebnis* weit wichtiger als das Bau*ergebnis;* ihre Langlebigkeit im Kinderzimmer verdanken die Bauklötze jedoch sicher der Tatsache, daß Kinder sich später wunderbare Großbauspielzeuge bauen können, mit denen sie dann jeweils eine Zeitlang spielen, ehe sie etwas Neues daraus zaubern.
Dann wird aus dem Kaufladen vielleicht ein Kasperletheater oder ein Spielhaus – oder auch ein Regal für Plüschtiere und Bilderbücher.

112

Am Ende des zweiten Lebensjahres können die meisten Kinder schon eine Menge aufbauen. Sie tun das oft erstaunlich konzentriert und geduldig. Sie sind ganz ins Spiel vertieft und sehr stolz auf ihre Meisterwerke.

113

Wir brauchen:

- **1 großes Tierfoto aus einer Illustrierten**
- **1 starken Karton**
- **Papierkleber**
- **1 Teppichmesser**

Aus einem Poster, das Sie an der Wand nicht mehr sehen wollen, können Sie ein Riesen-Bodenpuzzle machen.

Puzzlen

Einfache Holzpuzzles, die nur aus wenigen Teilen bestehen, ziehen die Kinder auch schon im zweiten, erst recht aber im dritten Lebensjahr an. Mit Feuereifer gehen sie an die Arbeit, und mit stolzgeschwellter Brust präsentieren sie ihr Werk. Es ist ein ungeheuer starkes Gefühl, aus der Unordnung, dem Chaos etwas Sinnvolles gemacht zu haben, nämlich ein „richtiges" Bild.
Puzzles muß man nicht unbedingt kaufen. Das große Tierfoto aus einer Illustrierten wird auf Karton geklebt. Mit Hilfe des Teppichmessers zerschneiden Sie das Bild zunächst in drei oder vier Teile. Beherrscht Ihr Kind dieses Puzzle, können Sie jedes Teil noch einmal teilen, später noch einmal. Dann wird es immer schwieriger.

114

Wir brauchen:

- **verschiedenfarbige Bausteine**

Muster bauen

Muster legen oder bauen – das werden die meisten sicher erst im dritten Lebensjahr schaffen. Aber wenn Sie mal zusammen bauen, dann führen Sie Ihrem Nachwuchsbaumeister doch einmal vor, wie eine Mauer aussieht, in der immer ein blauer mit einem gelben Klotz abwechselt: blau – gelb – blau – gelb. Und wie sieht eine Schranke aus? Rot – weiß – rot – weiß. Notfalls darf das Gelb das Weiß vertreten. Toll, so ein rot-gelb-grüner Turm aus drei Steinen. Fast wie eine Verkehrsampel! Ist der Spaß am Muster bei Ihrem Kind erwacht, wird es mit großer Begeisterung andere Muster selbst erfinden.

Malen mit Fingerfarben

115

Die Diskussion über Schadstoffe in den Fingerfarben hat in den letzten Jahren verantwortungsbewußte Eltern verunsichert. Mit Belastungen durch Blei und Cadmium war 1994 jedoch nur noch bei importierten Fingerfarben zu rechnen. Unbedenkliche Fingerfarben tragen den Hinweis: „Entspricht der freiwilligen Vereinbarung über Fingerfarben von 1987".

Geben Sie Ihrem Kind nur die Grundfarben Rot, Gelb und Blau in die Hand. Die anderen Farben wie Orange und Violett soll das Kind durchs Mischen entdecken. Und Mischen ist ja gar nicht zu vermeiden, weil ein Kind, das gerade mit Rot gemalt hat, dann den Finger auch ins Gelb steckt. Und – welch ein Staunen! – plötzlich malt es orange! Oder das Kind malte erst mit Rot, dann mit Blau – plötzlich erscheint ein Violett.
Grün wäre zwar auch durch Mischen zu erreichen, aber es ist dennoch empfehlenswert, auch die grüne Farbe anzubieten. Bewußt mischt das Kind ja noch nicht. Und grüne Flächen malt es erfahrungsgemäß sehr gerne.
Füllen Sie für jede Malveranstaltung immer nur etwas Fingerfarbe in einen Dosendeckel – etwa vom Marmeladenglas. Denn das Kind möchte das nächste Mal wieder klare,

Fingerfarben sind ein wunderbares Material, mit dem das Kind selbst noch ohne Pinsel oder Stift den Untergrund bearbeiten kann.
Bieten Sie dem Kind anfangs nur eine Farbe an, damit es sich an der Entdeckung des Materials an sich freuen kann.
Etwas später sind dann 2, dann 3 oder 4 Farben sinnvoll.

Tip:
Legen Sie sich doch ein Archiv dieser ersten Kunstwerke Ihres Kindes an. Es macht Spaß, sie später einmal durchzusehen.

leuchtende Farben haben und nicht etwa ein undefinierbares Farbgemisch.
Lassen Sie mit Fingerfarben stets auf großen Untergründen malen, am besten auf abgerolltem Packpapier, das den ganzen Tisch bedeckt. Es entstehen ja noch lange keine Bilder, sondern Farbkompositionen, die man später noch ein Weilchen auf dem Tisch liegenlassen kann, ehe man sie forträumen wird.

116 Malen mit Wachsfarben

Kleine Finger können Wachsmalbirnen am besten halten. Außerdem zerbrechen Wachsmalstifte leicht.

Fingerfarben leuchten zwar intensiver als Wachsfarben, aber mit Wachsfarben entstehen mehr farbige Linien als Flächen. Und weil hier nicht immer gemischt wird, bleiben stets die klaren Farben erhalten, solange die Linien nicht wild zum Knäuel verschlungen werden, was natürlich auch wieder reizvolle Mischtöne erzeugen kann.
Manche Kinder nehmen diese Farben gerne an. Es gibt Wachsmalblöcke, Wachsmalbirnen und Wachsmalstifte.

117 Farbiges Kneten

***Warnung:* Verwenden Sie keine Modelliermassen aus PVC! Bienenwachskneten sind schön und unbedenklich.**

Knete begeistert Kinder; sie erinnert an nassen Sand und Matsch, mit dem die Kleinen schließlich auch gern etwas formen – auch Knete kann man direkt bearbeiten.
Im Backofen aushärtende Modelliermassen sind für Kinder ungeeignet. Sie bestehen aus PVC und enthalten Weichmacher. Diese verflüchtigen sich beim Backtrocknen und

belasten die Raumluft. Werden Produkte aus solchen Modelliermassen verschluckt, werden diese steinhart und können durch spitze Kanten die Magenwände verletzen. Dauerelastische und lufttrocknende Modelliermassen sind dagegen unschädlich. Was die darin enthaltenen Schwermetalle angeht, so haben Tests ergeben, daß die Höchstgrenzen nicht überschritten wurden.
Wenn Sie die empfehlenswerten Kneten aus echtem Bienenwachs kaufen, achten Sie darauf, daß dieses gereinigt ist. Leider kommt es vor, daß von Bauern ausgebrachte Gifte (Pestizide) darin enthalten sind. Das Knetbienenwachs der Firma Stockmair ist gereinigt.
Auch bei Kneten ist sinnvoll: Erst eine Farbe, später mehrere Farben anbieten.

Wenn Ihr Kleines knetet, werfen Sie ab und zu mal einen Blick darauf – es muß ja die Knete nicht aufessen.

Selbstgemachte Modelliermasse

Riesenspaß beim Kneten kommt auf, wenn die kleinen Kinderhändchen ganz dicke Klumpen Knete zur Verfügung haben. Deshalb empfehlen wir, machen Sie Ihre Knete selber, billig, ungefährlich und in satten Mengen:
Mehl, Salz und Tapetenkleister in einer großen Schüssel gut vermengen, dann das Wasser daraufgießen. Erst mit einem Kochlöffel zu einem dicken Brei verrühren, dann mit den Händen so lange kräftig durchkneten, bis die Masse geschmeidig und klümpchenfrei ist. In verschiedenen Stücke aufteilen und diese mit Lebensmittelfarben (zum Beispiel blau, gelb, rot, evtl. auch noch grün) einfärben. Ein Teil der Knete sollte auch einfach weiß bleiben.
Damit sich Salzkristalle und Tapetenkleister besser auflösen, sollte der Teig ca. eine Stunde vor dem Verarbeiten in einem geschlossenen Gefäß ruhen.

118

Wir brauchen:
- **400 g Mehl**
- **300 g feines Salz**
- **1/4 l Wasser**
- **1/2 EL Tapetenkleister**
- **evtl. flüssige Lebensmittelfarben**

Auch für ältere Kinder ist diese Salzteig-Knetmasse ein wertvoller Werkstoff, der der Phantasie viel Raum läßt. Man kann kleine Figuren damit formen, sie an der Luft austrocknen lassen und mit Wasserfarben bemalen.

Im dritten Jahr

Das Kind entdeckt den eigenen Willen 84

Auf den bunten Flügeln der Phantasie 94

Phantasie-Spiele 94

Gestalten 99

Mut und Kraft machen selbstbewußt 108

Eltern als Turnpartner 109

Spiele im Wasser 113

Jetzt klappt schon ein Zusammenspiel 115

Gruppen-Spiele am Tisch 116

Gruppen-Spiele im Zimmer 120

Gruppen-Spiele im Freien 123

Das Kind entdeckt den eigenen Willen

Das reizvolle Kauderwelsch des Einjährigen wird im dritten Lebensjahr allmählich durch eine klarere Aussprache ersetzt.

In der Zeit kurz vor oder bald nach dem zweiten Geburtstag beginnt für viele Kinder eine neue Phase in ihrer Entwicklung. Der Durchbruch des letzten Milchzahns ist das Signal, daß aus dem Baby ein Kleinkind geworden ist.

Auch hier sei der Hinweis gestattet, daß unsere kleinen eigenwilligen Persönlichkeiten oft ganz andere Entwicklungsfahrpläne haben, als der Durchschnitt sie aufweist. Von dem, was ich hier an Hinweisen gebe, weichen viele Kinder so oder so ab und sind dennoch ganz normal und vollkommen gesund…

Die meisten Kinder beginnen jetzt, Sätze zu formen. Viele sind ganz wild darauf, ihren Wortschatz zu mehren. Manche führen fortwährend Selbstgespräche. Das übt und ist ganz normal.

Die Phase, in der das Kind seinen eigenen Willen entdeckt, wird von den Psychologen Autonomiealter genannt. Dieser Begriff wird den Bemühungen der Kleinen nach Selbständigkeit besser gerecht als „Trotzalter".

Jetzt ist auch die Zeit gekommen, in der die Schließmuskulatur von Darm und Blase von der Mehrzahl der Kinder kontrolliert werden kann. Wenn Sie Ihr Kind gewähren lassen und ihm in einem langen Sommerurlaub am Strand genügend Zeit geben, dann ist es nicht unwahrscheinlich, daß es von alleine „sauber" wird.

Das Zweijährige spürt seine bedeutenden Fortschritte und stürmt immer weiter voran, kennt keine eigenen Grenzen. Hinzu kommt, daß Sie meist auch gerade in dieser Zeit versuchen, dem kleinen Menschen die Regeln des Zusammenlebens beizubringen: Rücksichtnahme, Verzichtenkönnen und Abgeben.

Auch das ist wichtig, denn viele werden im nächsten Jahr

in den Kindergarten kommen, und da sollen sie sich anpassen können. Kein Zweifel – an dieser Stelle tun wir alle meist ein bißchen zuviel. Verlangen Sie von Ihren kleinen Kindern da nie mehr, als sie selbst schaffen.
Anpassung sollte kein Erziehungsziel sein. Anpassung vollzieht sich im Umgang mit anderen Menschen im notwendigen Umfang von selbst.
Doch ganz ohne Grenzen geht es eben nicht. Und an diesen Grenzen reibt sich, stößt sich das Kind. Es empfindet dies als Verletzungen, als Schmerzen. Oft äußert sich diese traurige Erfahrung des Kindes in einem Verhalten, das wir uns angewöhnt haben, Trotz zu nennen.
Die meisten Psychologen vermeiden diesen Begriff lieber. Sie nennen diese für Kinder wie Eltern schwierige Zeit Autonomiealter, die Phase, in der das Kind seinen Willen entwickelt. Das bedeutet: Es ist auf dem Weg zu Selbständigkeit und Selbstbewußtsein. Man kann auch sagen: Es entwickelt sein Selbstwertgefühl.

Betrachten Sie die Suche Ihres Kindes nach Selbstbewußtsein von der positiven Seite!

Diese Phase kann viel Freude machen, wenn Sie die Suche des Kindes nach seinem Ich von der positiven Seite her unterstützen, das heißt ihm helfen, selbständig zu werden, sich mit ihm über seine Fortschritte freuen und es, wenn es wieder mal an seine Grenzen gestoßen ist, bei Enttäuschungen trösten.
Das Kind spürt, wenn die Eltern es auf seinem schwierigen Weg begleiten und nicht bloß an den Grenzen Wache stehen wollen. Das macht Mut, gibt die nötige Sicherheit und stärkt das Vertrauen zu den Eltern.

119

Kann-ich-alleine-Spiele

So ersparen Sie sich viel Streß.

Die meisten Kinder können sich jetzt noch nicht allein richtig anziehen: Da werden Knöpfe falsch geknöpft, Schuhe oder Handschuhe verkehrt herum angezogen. Wenn es aber – „Kann ich alleine!“ – darauf besteht, dann lassen Sie das Kind gewähren und die „Wirklichkeit“ ihren korrigierenden Dienst tun. Dann ersparen Sie sich viel Streß.

So lernt das Kleine schnell, die Schuhe richtig anzuziehen.

Hat das Kind die Schuhe falsch angezogen, tun ihm die Füße weh. Wenn es deswegen zu knöttern anfängt, ist die Zeit gekommen, den Fehler zu korrigieren. Sagen Sie nicht: „Ich habe ja gewußt, daß du das nicht kannst!“ Kleben Sie statt dessen auf den Schuh ein Bild an die Stelle, wo der große Zeh hingehört.

Der Daumen des Handschuhs bekommt in Daumennagelhöhe ein lustiges Gesicht aufgestickt. Und wenn die Knöpfe falsch geknöpft sind oder anderes nicht so sitzt, wie es sollte, so tut das nicht weh. Greifen Sie hier nur dann ordnend ein, wenn Ihr Kind Sie darum bittet. Ansonsten lassen Sie es so, wie Ihr Kind es gemacht hat, ohne ein Wort darüber zu verlieren.

Tricks, die beim Anziehen helfen.

Stellen Sie sich aber häufiger vor den Spiegel, oder fragen Sie das Kind: „Habe ich alles richtig angezogen?“ Machen Sie gelegentlich die Fehler Ihres Kindes. Es wird Sie sicher korrigieren. Je öfter es Sie korrigieren darf, um so leichter können Sie Ihrerseits Ihrem Kind einen guten Rat geben.
Wenn es allein essen und trinken will – lassen Sie es doch auf die Krümel auf dem Teppich und die Milchlache auf dem Tisch ankommen. Fragen Sie das Kind: „Kannst du den Milchsee schon ganz alleine wegwischen?“ Es wird Ihnen das beweisen wollen.
Spielen Sie die Kann-ich-alleine-Spiele doch einfach mit. Das wird Sie auf die Dauer weniger Nerven kosten, als wenn Sie durch ständiges Warnen, Bremsen und Verbieten Trotzanfälle provozieren!

Freie-Wahl-Spiele 120

Plötzlich will Ihr Kind seine bisher heißgeliebten Jeans nicht anziehen, sondern den weißen Faltenrock. Warum nicht? Der ist in der Waschmaschine ebenso schnell sauber wie die Jeans. Und: Wenn das Kind später auf dem Spielplatz sieht, daß alle anderen die Hose tragen, wird es wahrscheinlich von selbst wieder auf sie zurückkommen. Und wenn nicht? Auch dieses Sich-plötzlich-unterscheiden-Wollen gehört zum Selbstfinde-Programm Ihres Kindes.
Verständlicherweise möchten Sie widersprechen, wenn Ihr Kind plötzlich auf die Idee kommt, einen blauen und einen weißen Strumpf oder mitten im Sommer einen Schneeanzug anzuziehen.

Darf ein Kind in „seinen“ Bereichen seinen eigenen Willen verwirklichen, hat es weniger Schwierigkeiten, die notwendigen Gebote und Verbote zu akzeptieren.

Solange seine Gesundheit nicht in Gefahr ist (etwa im eiskalten Winter mit Sandalen laufen wollen!), so lange sollten Sie Ihr Kind möglichst gewähren lassen.
Sagen Sie Ihrem Kind, was Ihnen gefällt und mißfällt. Aber zwingen Sie ihm nicht ohne Not Ihren Willen auf.
Sie können und sollen ihm sagen, was Ihnen gefällt und was Ihnen nicht gefällt, aber es hilft Ihnen beiden, wenn Sie es schaffen, Ihr Kind selbst entscheiden zu lassen.

Anders ist das natürlich, wenn es um wichtige Entscheidungen geht, die nicht nach Belieben zu fällen sind. Ist ein Arztbesuch dran, gibt es keine Debatten; wenn das Kind die Masern hat, muß es im Bett bleiben.

121 Teilen-Spiele

Für Kinder ist es einfacher, zu „sortieren" als zu teilen.

Kinder dieses Alters sortieren gern. Wenn zwei Kinder zusammen bauen, teilt es sich leichter, wenn eines alle grünen, das andere alle roten Steine bekommt. Fragen Sie das Kind, ob es seine Klötze schon so aufteilen kann. Es kann das sicher und macht es sicher gern.
Wenn es eine Banane teilen soll, erkundigen Sie sich, ob das Kind sie schon in der Mitte durchbrechen kann, um dem Freund die Hälfte abzugeben. Stellen Sie also das Sortieren, das Durchbrechen oder -schneiden ausdrücklich in den Vordergrund, nicht aber das Teilen. Selten kommt dann der „Bock" zum Vorschein.

122 Wechsel-Spiele

Wenn zwei Kinder nur ein Dreirad oder eine Schaukel zur Verfügung haben, machen Sie dem Kind, das nicht gleich fahren oder schaukeln kann, das Warten attraktiv.
Beim Schaukeln zum Beispiel zählen Sie laut die Abstöße des anderen. Vielleicht kennen Sie auch noch einen Abzählvers, etwa:
Eins, zwei, drei, vier, fünf, sechs, sieben,
auf dem hohen Berge drüben
steht ein Schloß mit blanken Zinnen,
wohnt ein alter Riese drinnen.
Fällt der Ries' den Berg hinab,
bricht er sich die Beine ab.
Doch er geht auch ohne Bein' –
kann ja zaubern – du sollst sein!
Und dann wird gewechselt.
Das Kind entwickelt jetzt schon durchaus einen Sinn für

den Unsinn. Darum macht ihm der Vers Spaß. Zwar ist auch das schon eine Art Ablenkmanöver. Aber der Chirurg operiert ja auch mit Narkose. Warum sollte ein Zweijähriges seine Schmerzen stets bei vollem Bewußtsein aushalten müssen?

Ablenkungsmanöver

In diesem dritten Lebensjahr neigen Kinder zu Trotzreaktionen und auch Wutausbrüchen, besonders dann, wenn es sich mal nicht vermeiden läßt, daß es nach dem elterlichen Willen geht. Fragt das Kind, warum es so und nicht anders gemacht werden muß, so erklären Sie ihm das am besten sachlich und ehrlich.
Droht aber ein Wutanfall, so ist – zur Schonung der Nerven aller Beteiligten – ein Ablenkungsmanöver erlaubt.
Wenn Sie einige der nebenstehend aufgeführten Ablenkungsgegenstände griffbereit haben, so zaubern Sie etwas davon im richtigen Augenblick hervor – meist ist der kleine Kummer dann rasch vergessen.
Achtung! Wenn Ihr Kind Ihnen nun folgt, sollten Sie ihm

123

Zu diesem Zweck sollten sich in Ihrer Tasche befinden:
- **1 Modellauto**
- **1 kleines Tier aus Holz**
- **1 Biege-Püppchen**
- **1 Kreisel**
- **ein paar Murmeln – oder wenigstens das eine oder andere davon**

aus der Erleichterung heraus keine Belohnung geben oder versprechen. Wenn Ihr Kind tut, was nötig ist – und etwas anderes verlangen Sie nicht von ihm –, sollte das nicht belohnt werden. Was sein muß, muß sein.

124

Mit Humor gegen den Terror!

Echo-Spiel

Kommt es – wie in dieser Zeit ab und zu zu erwarten – zu einer wütenden Reaktion, so können Sie dem auch eine humorige Seite abgewinnen. Heult das Kind, spielen Sie Echo. Streckt es seine Zunge raus, tun Sie das auch, haut es zu, patschen Sie (sanft) zurück. Wenn das Kind so in den „Spiegel" schaut, muß es oft bald lachen, weil die Eltern schon komisch aussehen, wenn sie sich so kindisch aufführen. Und das Lachen entkrampft.
Aber auch wenn es eine solche „lächerliche" Lösung mal nicht gibt, so haben Sie sich mit dem Echo-Spiel doch geholfen, nicht die Nerven zu verlieren, was ja leider manchmal passieren kann.

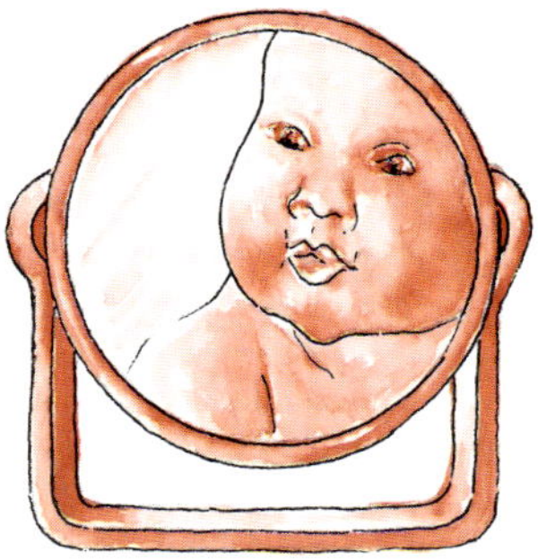

125

Geduld ist bei allen Bock-Spielen wichtig.

Bock-Spiele

Dies ist ein Spiel für jene Phase eltern-kindlicher Auseinandersetzung, in der das Kind sich in seinen Schmollwinkel zurückgezogen hat.
Wichtigste Regel in einem solchen Fall: Reden Sie nicht beständig auf das Kind ein, lassen Sie es „ausbocken". Es ist für Sie ein Weilchen einfach nicht da – bis Sie merken, daß es die Nase voll hat von diesem „dummen" Spiel.
Ganz wichtig ist also: „ausbocken" lassen!

Schaffen Sie es, dann zu sagen: „Na, ich glaube, dir ging es gar nicht gut, nicht?"
Nicht selten werden Sie dann erleben, daß Ihr Kleines haltlos in Tränen ausbricht. Denn es ging ihm nicht gut. Trösten Sie es, es braucht das wirklich.
Wenn es aber zu erkennen gibt, daß es eher voll innerer Energie ist, dann sagen Sie ihm: „Jetzt hast du genug gebockt. Oder möchtest du noch weiter bocken?"
Reagiert es nicht, lassen Sie es noch eine Zeitlang in Ruhe. Dauert es Ihnen zu lange und treffen Sie auf keine Abwehr mehr, dann kuscheln Sie sich in die Schmollecke des Kindes mit hinein.
Und dann kann – ganz allmählich – das Schmollen in ein versöhnliches Schmusen übergehen.

Xanthippe

126

Äußert sich Trotz in aggressivem Verhalten, kann das Xanthippe-Spiel eine gute Hilfe sein.

Wenn das Kind seinen Unmut in aggressivem Verhalten ausagiert, spielen Sie nicht das Echo des Kindes (siehe Nr. 124), sondern Gegenspieler.
Wenn Ihr Kind mit Bausteinen nach Ihnen wirft, werfen Sie mit weichen Kissen zurück. Treffen – und nicht verletzen! Dabei gehen Sie kreativ auf den „Angriff" des Kleinen ein. Hat es Sie zum Beispiel „blöde Ziege" genannt, meckern Sie wütend wie eine Ziege und stoßen (vorsichtig) mit dem Kopf das Kind an.
Oder Sie sagen: „Ich kann noch viel besser keifen als du!" Und dann legen Sie los! Das Kind spürt, wie Sie es dabei treffen. Später müssen Sie darüber sprechen.

Wichtig bei diesem Spiel ist, daß Sie innehalten und überlegen, wie Sie die Aggression des Kindes kreativ kontern können, ohne ihm Schaden zuzufügen.

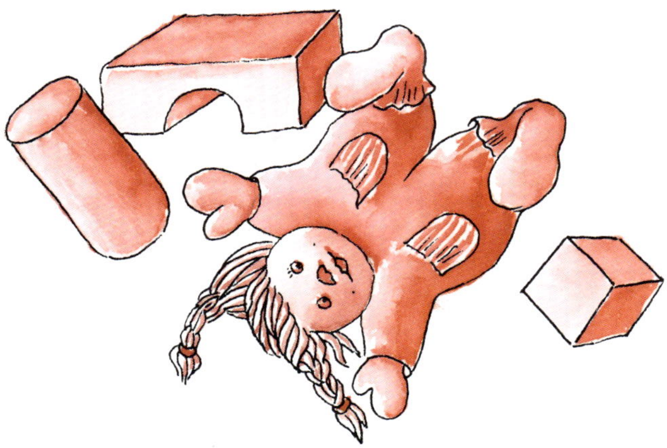

127 Rückzug

Wenn Ihr Kind wütend ist, können Sie erklären, daß Sie keine Lust haben auf Streiten. Und dann soll das Kind Sie nur kräftig beschimpfen – es darf das. Aber Sie schimpfen nicht zurück. Das Spiel macht Ihnen keinen Spaß heute – basta. In vielen Fällen, allerdings nicht immer, ist dann der „Anfall" bald vorbei.

128 Schmollwinkel

Wir brauchen:
- **1 Tisch**
- **1 Matratze**
- **mehrere weiche Kissen**
- **mehrere Wolldecken**

Gerade wenn es manchmal mit Ärger und Wut zu kämpfen hat, braucht das Kind eine Möglichkeit, sich zurückzuziehen. Ihm gelingt das aber nur, wenn es dabei aus dem Blickfeld der Eltern verschwinden kann. Es braucht also einen Winkel, in den es im Konfliktfall fliehen kann, wenn es allein und ungestört sein will oder wenn es bockt; es braucht einen Flucht- und Schmollwinkel also. Der sollte

Mit Aggressionen umgehen lernen

Aggressives, „böses" Verhalten von Kindern ist ein ewiger Dauerbrenner in allen Gesprächen zwischen Müttern und Vätern, zwischen Erzieherinnen/Lehrerinnen und Eltern.
Jeder weiß von sich, daß Wut, Zorn und Ärger im Leben immer wieder entstehen. Wenn Kinder nicht lernen, diese Energien zu kontrollieren, geht es ihnen schlecht. Sie kriegen überall Ärger, oder sie werden krank – Depression ist nichts anderes als Aggression, die sich nach innen wendet. Darum ist es wichtig, diese Energien produktiv zu wenden.
Ganz wichtig ist es auch, diese Energien nicht als „böse" wegzuschieben. Helfen Sie lieber Ihrem Kind, sich seine aggressiven Gefühle bewußt zu machen: „Gell, du bist furchtbar ärgerlich – zornig – wütend – enttäuscht – sauer?" Das ermöglicht Ihrem Kind, dieser Gefühle überhaupt gewahr zu werden. Und es hilft Ihrem Kind, weil es ihm zeigt, daß die Eltern solche Gefühle ja offenbar auch kennen und es also Wege geben muß, damit umzugehen.
Einige der Spiele, die wir hier anbieten, helfen dabei.

schön kuschelig sein, damit sich das Kind auch allein geborgen fühlen kann.
Unser Vorschlag: Ein Tisch wird im Kinderzimmer oder an einem anderen geeigneten Ort der Wohnung an eine Wand gestellt, mit Decken verhängt, mit einer Matratze ausgelegt und mit mehreren weichen Kissen ausgestattet. Auch eine Wolldecke oder eine Luftmatratze ist da meist willkommen. In einer solchen Höhle ist auch für mehrere Kinder Platz zum Spielen.

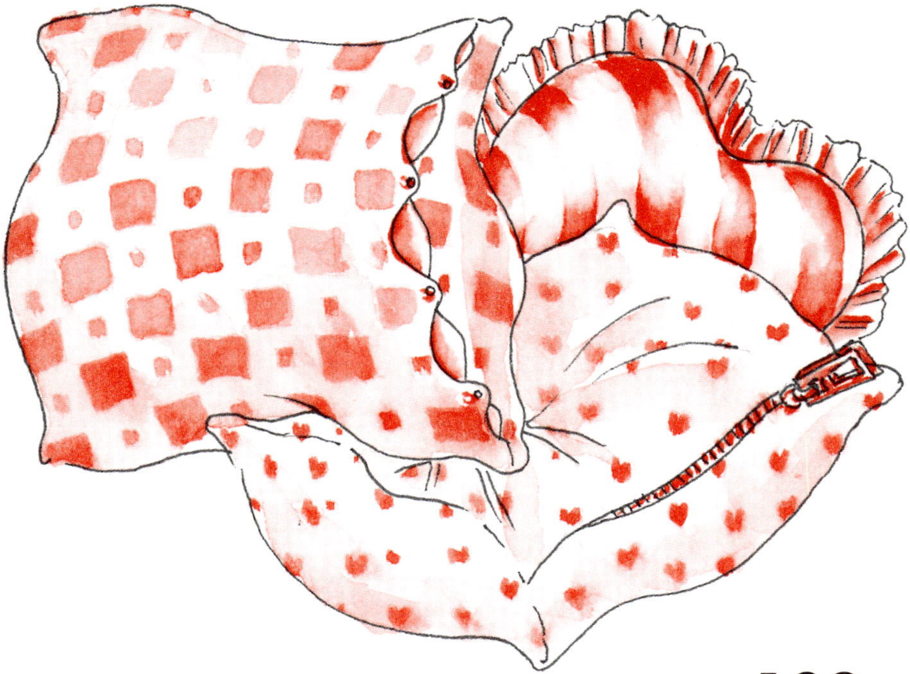

Versöhnungs-Spiele

129

Am wichtigsten ist Versöhnung am Abend. Nie sollte das Kleine im Trotz ins Bett gesteckt und dann für die ganze Nacht allein gelassen werden.

Meist kommt, wenn es Krach gegeben hat, das Kleine von selbst: „Bin wieder lieb!" Dann schließen Sie es in die Arme und nehmen es auf den Schoß. Sagen und zeigen Sie ihm, daß Sie seinen Ärger verstehen können, daß Sie aber diesmal Ihren Willen durchsetzen mußten, weil... Und es ist wirklich wichtig, daß Sie da was zu erzählen wissen. Zeigen Sie ihm auch, wie sehr Sie sich freuen, daß Sie jetzt wieder lieb miteinander sein können.

Auf den bunten Flügeln der Phantasie

Wer das Zeug zum Spielen hat, braucht wenig Spielzeug. Das „Zeug“ zum Spielen – das ist die Phantasie!
Die Wurzeln der Phantasie stecken natürlich in der Wirklichkeit. Im dritten Lebensjahr kann man diese Verbindung von Phantasie und Wirklichkeit bei ihrem Entstehen beobachten. Sie entsteht, wenn die Kleinen die Erwachsenen und ihre Umwelt beobachten und nachahmen. Die Imitation wird zur Rahmenhandlung.

Phantasie-Spiele

Im Phantasie-Spiel steckt bereits das spätere Rollen-Spiel. Nur bescheidet sich das Zweijährige noch mit ganz kurzen Episoden, mit kleinen Szenen.

130 Puppenmutter

Wir brauchen:
- **1 Babypuppe**

Puppenmutter oder auch Puppenvater zu spielen ist für Zweijährige besonders reizvoll, wenn sie gerade ein Geschwisterchen bekommen haben.
Mit der Babypuppe imitiert das Kind in Mini-Auftritten die Mutter. Es legt die Puppe an die Brust, als ob es sie stillen wollte, drückt ihr einen Löffel Brei an die Lippen, als wollte es sie füttern, legt sie vielleicht bei anderer Gelegenheit auch schon ins Bett.

Wolkengeschichten

131

Wenn sich am besonnten Himmel Wolkenberge türmen und die Wolkenschiffe schnell weiterziehen, ist es eine gute Zeit, auf einer Bank im Park oder Garten sitzend das Kind auf den Schoß zu nehmen und ihm die Geschichten zu erzählen, die man am Himmel sich abspielen sieht. Dies hier ist ein Seeräuberschiff, und dort sehen wir das Schiff einer tollen Prinzessin mit ganz vielen Edelsteinen... Und, und, und... Nicht nur Ihr Kind folgt begeistert Ihrer Geschichte, auch Sie werden wieder jung.

Wäschewaschen

132

Wir brauchen:
- **1 Plastikschüssel**

Was mit Wasser und Planschen zu tun hat, ist wunderbar! Spendieren Sie dem Kind eine Plastikschüssel, in der es die Puppenkleidung waschen darf. Der einzig geeignete Ort ist wohl das Badezimmer, denn das Schönste am Wäschewaschen ist der Überfluß des Wassers.

133 Böses Tier

Das Kind darf ein böses Tier seiner Wahl sein. Spannend ist schon, welches Tier es darstellt. Ist es ein Löwe? Ein Elefant? Ein Wolf? Bedrohlich brüllend geht es auf Vater oder Mutter los. Diese zeigen ihm mit eingeschüchterten Gesten, was für eine Riesenangst sie haben. Wie löst das Kind die Spannung auf?

134 Jakob, der Wächter

Jakob paßt auf, daß dem Kind nichts zustößt.

Eine Puppe oder ein Spieltier wird zu Jakob, dem Wächter, bestimmt. Jakob ist kein Talisman, der auf magische Weise vor Gefahren schützt, obwohl die Kinder so etwas wohl auch gerne glauben werden. Wichtig ist, daß Jakob klug ist und das Kind auf reale Gefahren aufmerksam macht bzw. davor warnt. Zum Beispiel

• wenn sich das Kind zu weit über das Brückengeländer des Baches lehnt,

Was ist ein „Übergangsobjekt"?

Jeder kennt sie, und die meisten hatten eine oder einen: eine Puppe nämlich, die immer dabei war, oder einen Teddy, der immer abends mit ins Bett mußte. Und die Welt ging unter, wenn er mal weg war.

Viele Kinder haben so eine ganz wichtige Knuddelfigur. Abgewetzt, schmuddelig und innigst geliebt.

Die Psychologen nennen sie Übergangsobjekt. Übergang? Ja, Übergang, nämlich von der Mutter, die ja meist die erste ganz wichtige, feste Bezugsperson ist, zu „ohne“, das heißt zum eigenen „Selbst“ . Wenn sie sich an Mama nicht mehr knuddeln und festhalten können oder, weil sie ja größer werden wollen, an Mama nicht mehr knuddeln und festhalten mögen, machen sie einen ihrer Puppen- oder Tierlieblinge zum immer verfügbaren Ersatz, bis sie ihn eines Tages, weil sie wirklich größer geworden sind, nicht mehr brauchen. Im Spiel „Jakob, der Wächter“ wird die Bedeutung eines solchen Übergangsobjekts genutzt, um dem Kind zu helfen, Gefahren zu vermeiden.

• wenn es nach der heißen Teekanne greift,
• wenn es auf den Stuhl die Fußbank stellt, um noch höher hinaufzukommen.

Jakob hilft somit den Eltern, nicht immer selbst die vom Kind ungeliebte Rolle des Bremsers spielen zu müssen. Statt selber zu mahnen: „Lehn dich nicht so weit rüber!“, fragen Sie lediglich: „Was sagt denn der Jakob dazu?“ Das Kind wird sich für Jakob eine eigene Stimmlage suchen, mit der es dann immer spricht, wenn es für Jakob redet. Das Kind spricht so das Verbot selbst aus, was ihm seine Schärfe nimmt.
Viele Kinder bauen sich Jakobs Rolle phantasievoll aus und lassen ihn natürlich auch die Eltern warnen, wenn sie etwas tun, was das Kind nicht will.

Phantasiefreund

135

Wir brauchen:
- **Fingerfarben**
- **Papier**

Im Alter zwischen zweieinhalb und vier Jahren schaffen sich viele Jungen und Mädchen einen Phantasiefreund an. Oft tritt er an die Stelle des „Übergangsobjekts“ (siehe S. 96) oder ergänzt es. Der eingebildete Partner kann wunderbar zuhören, hat keinerlei eigene Interessen, nur den Sinn, dem Kind zu Diensten zu sein.
Die Kinder geben ihm einen Namen, und sie machen ihn oft zum Sündenbock, denn wunderbarerweise kommt von

ihm selbst dann kein Widerspruch. Er spricht ihnen Mut zu, wenn sie etwas tun müssen, wovor sie Angst haben, etwa an einem großen Hund vorbeigehen.

Ob der Phantasiefreund nun Felix oder Oskar heißt – keiner außer dem Kind hat ihn je gesehen. Das verlangt zuweilen, daß man für Felix ein Gedeck auf den Tisch stellt, wenn gegessen wird.

Phantasiefreunde sind für Ihr Kind sehr wichtig! Spielen Sie daher unbedingt mit.

Wenn solche „Spinnereien“ auch bei Ihrem Kind auftreten, machen Sie sich deshalb keine Sorgen! Meistens verschwindet das Phantom, sobald das Kind leibhaftige Spielkameraden hat. Vielleicht erklärt Ihnen Ihr Kind sogar, Felix sei ganz weit weg verreist oder sogar vom Auto überfahren worden.

Auch wenn Ihnen dieses Phantasie-Spiel etwas unheimlich vorkommen mag, machen Sie es mit. Stellen Sie den erbetenen Teller für Felix mit ein paar Happen auf den Tisch, und bitten Sie Ihr Kind, seinem Freund beim Aufessen zu helfen. Schenken Sie ihm statt einem Luftballon in dieser Zeit zwei, denn der Freund braucht ja auch einen. Nehmen Sie die Sache von der humorigen Seite.

Wenn der unsichtbare Gefährte Ihr Kind auch noch im fünften Lebensjahr beständig begleitet und wenn hinzukommt, daß es keine Kontakte zu anderen Kindern will, ist es jedoch angebracht, einmal mit einem Psychologen darüber zu sprechen.

Gestalten

Der Umgang mit Farben wird nun immer vielseitiger. Fingerfarben bleiben Trumpf, Wachsfarben sind weiterhin attraktiv. Kreiden kommen dazu und ab und zu schon einmal ein wenig Farbe aus dem Deckfarbenkasten. Und das Thema wird immer häufiger das „Selbst“ und das „Ich“.

Daumenfarben-Bilder

136

Wir brauchen:
- **Fingerfarben**
- **Papier**

Fingerfarben können Kleinerfingerfarben, Ringfingerfarben, Mittelfingerfarben, Zeigefingerfarben und natürlich auch Daumenfingerfarben sein. Und damit kann man nicht nur schöne Schmierstreifen über die Malfläche ziehen, man kann mit ihnen auch sauber drucken. Ganz besonders schön sieht es aus, wenn wir das mit dem Daumen tun. Was für eine feine Zeichnung liegt da in dem Farbfleck! Die Linien kann das Kind auch am „echten“ Daumen und an den Fingern entdecken!
Wir drucken ganz viele Daumen auf das Blatt, und es werden schöne bunte Figuren daraus.
Die naheliegende Variante ist ein kräftiger Hände-Druck: Die ganze Hand dünn mit Fingerfarbe einstreichen und sie dann vorsichtig aufs Papier drücken. „Da liegt sie, deine Hand!“ Da sind feine Linien zu erkennen, im Bild von der Hand wie in der Hand selbst.

137

Körperumriß

Wir brauchen:
- **1 Riesenbogen Packpapier, mindestens 50 x 100 cm**
- **Wachsfarben**

Bestimmt möchte das Kind einmal ganz aufs Bild. Kein Problem: Es soll sich auf das Riesenpackpapier legen. Vater oder Mutter malt mit Wachsfarben seinen Umriß darauf. Und wer malt dann die Augen, den Mund, die Nase und die Knöpfe?

138

Fließbild

Wir brauchen:
- **Papier**
- **dickflüssige Finger- oder Plakafarbe**

Ein dicker Klecks der Farbe kommt auf ein Blatt Papier. Das wird einmal auf dieser, einmal auf der anderen Seite leicht angehoben, so daß die Farbe ins Fließen gerät. Selbstverständlich probieren wir alle Richtungen aus. Was hat der Meister Zufall zuletzt aufs Papier gebracht?
Wir reden darüber, was wir alles in den verschiedenen Figuren erkennen können.

Kopffüßler

Wenn das Kind im Alter von zwei bis drei Jahren einen Menschen malt, so besteht der zumeist aus Kopf und Füßen: der sogenannte Kopffüßler. Kopf und Füße sind die beiden wichtigen Teile des Menschen für das Kind.
Das ist entwicklungsmäßig völlig in Ordnung.
Würde man versuchen, dem Kind eine andere „Sicht“ beizubringen, würde man es von anderen wichtigen Entwicklungsschritten, die jetzt dran sind, ablenken, es stören.
Die Entwicklung des Kindes folgt ihren eigenen Gesetzen. Schauen wir zu. Wir dürfen staunen. Den Menschen mit Kopf, Hals, Rumpf, Armen, Händen, Fingern, Beinen, Füßen und Zehen oder Schuhen, solch einen Menschen malt das Kind ganz von allein, allerdings erst später – im Schulalter.

Schwarzweißbilder

139

Wir brauchen:
- **1 weißen Stift**
- **schwarzen Karton**

Weißes aufs Papier zu bringen, das ist auch für uns Erwachsene nicht einfach. Verständlich, daß so ein kleines Kind da seine Schwierigkeiten hat. Mit dem Angebot eines schwarzen Maluntergrundes und weißer Stifte helfen wir dem Kind weiter. Jetzt kann es Schnee darstellen oder weiße Mäuse oder was sonst noch weiß und eigentlich undarstellbar ist.

Wachsbild

140

Wir brauchen:
- **1 weißen Wachsstift**
- **weißes Papier**
- **Deckfarben**
- **Pinsel**

Ein schöner Trick: Wir malen gemeinsam mit dem Kind mit weißem Wachsstift auf weißes Papier. Man kann kaum erkennen, wo die glänzenden weißen Linien unseres Bildes verlaufen. Aber nun geben wir dem Kind Pinsel und Deckfarben, und es malt damit einfach über die weiße Fläche mit den fast unsichtbaren weißen Linien. Und da erhebt sich aus dieser Weißfläche ein Bild. Denn die trockenen Stellen werden bunt, und die Wachslinien nehmen die Wasserfarben nicht an, bleiben also weiß. Dem Kind erscheint es wie eine tolle Zauberei!

141

Klebebilder

Wir brauchen:
- **1 Klebestift**
- **1 Schere**
- **bunte Stoffetzen**
- **Ausrisse und Schnipsel aus Illustrierten**
- **Wollfäden, Knöpfe, Körner, Sand etc.**
- **dickeres Papier oder Karton als Unterlage**

Mit dem Klebestift werden die gesammelten Bilder und Dinge ganz zufällig oder in bestimmter Ordnung auf die Unterlage geklebt. Es können auch kleine Bilder teils neben-, teils übereinander zu einem neuen größeren Bild zusammengeklebt werden. Bei einer Collage ist alles erlaubt, was aufgeklebt werden kann.

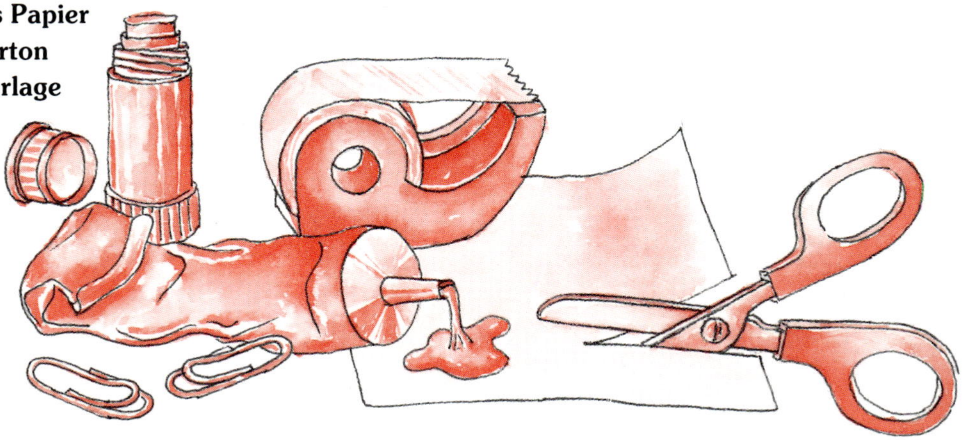

Kleister selber machen

Schadstofffreie kräftige „Klebe" läßt sich einfach herstellen: Reiben Sie ein paar rohe Kartoffeln. Den Brei schütten Sie auf ein Leinentuch und drücken ihn aus. Der Saft wird in eine Schüssel gepreßt. Am Boden des Kartoffelsaftes setzt sich Stärke ab. Ein Marmeladenglas voll Wasser mit einem Löffel Stärke verrühren und vorsichtig anwärmen. Bei etwa 50°C quillt der Stärkebrei zu Kleister. Erkaltet können Sie ihn verwenden. Auf diese Weise haben Sie einen absolut ungiftigen Kleister, den das Kind auch einmal in den Mund schieben kann.

Kleisterbilder

142

Wir brauchen:
- **selbstgemachten Stärkekleister (siehe S. 102)**
- **Farbpulver aus dem Malergeschäft**
- **1 Blatt Papier**

Ein Blatt Papier wird kräftig – mit den Händen arbeiten! – mit selbstgemachtem Stärkekleister oder normalem Tapetenkleister eingeschmiert. Das ist der Untergrund für unser Kleisterbild. Darauf streuen wir verschiedene unserer Farbpulver. Und dann heißt es mit den Fingern „weiterverarbeiten".

Blumenbilder

143

Auf dem Spaziergang sammeln wir viele Blüten, die getrocknet werden müssen.
Außerdem brauchen wir:
- **Kleister**
- **Papier**

Wenn Ihr Kind an Blumenbildern Spaß findet, können Sie ihm Blumen pressen, die dann im Bild längere Zeit überstehen. Das Kind streicht den Bogen dünn mit Kleister ein und schüttet viele kleine Blüten drüber: vom Gänseblümchen, Scharbocks- und Lungenkraut, von der Zaunwicke und was es sonst gefunden hat. Das Bild wirkt fast wie ein sommerliches Stoffmuster. Natürlich kann man unten ins Bild ebenso kurze Grashalme kleben, zwischen die einige Blüten kommen. Und von oben strahlt die dicke Margeriten-Sonne!

Korkenbilder

144

Wir brauchen:
- **Kleister**
- **Papier**
- **Flaschenkorken**
- **Teppichmesser**

Die Korken von Weinflaschen mit dem Teppichmesser in dünne Scheiben schneiden. Die Korkenscheiben können so in verschiedenen Lagen und Formen aufgeklebt werden. Man kann sie aber auch vor der Weiterverarbeitung mit Fingerfarben bunt anmalen.

Bildergalerie

Bilder aus Kinderhand müssen gesammelt und aufgehoben werden. Legen Sie eine Mappe an, in der Sie die schönsten aufbewahren. Welche die schönsten sind, bestimmt Ihr Kind – das heißt, Ihre Lieblinge heben Sie natürlich auch auf. Bevor sie aber in der großen Mappe verschwinden, sollten sie zuerst einmal eine Zeitlang an einer Pinnwand im Kinderzimmer präsentiert werden oder an einer Leiste, die an der Wand in Kinderaugenhöhe herumläuft, oder an der Wand des Etagenbettes oder im Wechselrahmen an der Wand. Das stärkt das Selbstbewußtsein des Kindes, weil es sieht, daß die Eltern seine Bilder mögen und akzeptieren.
Und vergessen Sie nicht, hinten auf die Bilder wenigstens ein ungefähres Datum draufzuschreiben.

145

Körperkunst

Wir brauchen:
- **Fingerfarben**
- **Außendusche oder Planschbecken im Garten**
- **warmes Wetter**

Wenn es draußen richtig warm und Planschen im Garten angesagt ist, können wir uns in Körperkunst üben. Weil es so schön kribbelt, wenn man sich mit den Fingerfarben gegenseitig auf Bauch und Rücken was draufmalt. Hoffentlich hat Papa einen Film in der Kamera, damit die Kunstwerke festgehalten werden können, bevor sie unter der warmen Gartendusche oder im Planschbecken vom Wasser aufgelöst und weggespült werde …

146

Kneten und Formen

Wir brauchen:
- **Plakafarbe**
- **Klarlack**
- **an der Luft trocknende Modelliermasse, gekauft oder selbst hergestellt nach Rezept Nr. 118**
- **Plätzchenformen**

Das Kind kann jetzt schon kleine oder größere Kugeln formen, indem es kleine Klumpen zwischen den Händen dreht und wendet, und mit etwa zweieinhalb schafft es vielleicht auch schon eine Rolle. Auf jeden Fall knetet es die Knete, solange es Lust dazu hat, mit Genuß. Und nicht selten entstehen dabei interessante Formen, die wir dann zu einem Hund, einem Bären, einem Baum oder einem Krokodil erklären. Wenn sich das Kind dann mit uns freut,

lassen wir die Figur an der Luft trocknen. Nach dem Trocknen kann das Kind sein Werk bemalen und lackieren.
Aus dieser Knete kann man auch schöne Aufhänger für den Weihnachtsbaum machen. Das müssen allerdings die Erwachsenen in die Hand nehmen.
Die Modelliermasse wird wie Teig ausgerollt. Mit normalen Plätzchenformen werden Sterne, Herzen, Weihnachtsmänner, Tannenbäume und dergleichen ausgestochen. Nicht vergessen: In jede Figur gleich ein Loch für das Band zum Aufhängen hineinpiken. Dann werden sie zum Trocknen ausgelegt (mehrmals wenden). Sind sie gut durchgetrocknet, werden die Formen noch bemalt. Sie können auch als kleine Geschenke des Kindes für die Großeltern, Tanten und andere Verwandte dienen.

Ein toller Nebeneffekt: Die Figuren lassen sich auch verschenken.

147

Tintenfische

Wir brauchen:
- **1 großes Bonbon- oder Einweckglas**
- **Wasser**
- **Tinte oder Tusche**

Kreatives Sehen: Dazu habe ich Ihnen schon vorgeschlagen, mit dem Kind in den Wolken Bilder und Geschichten zu entdecken (siehe Nr. 131). Die Sache mit den „Tintenfischen" ist eine Variation davon.
Füllen Sie klares Wasser in ein großes Bonbon- oder Einweckglas. Stellen Sie dieses Gefäß vor eine helle Wand. Geben Sie ein paar Tropfen Tinte oder Tusche dazu. Diese bilden kleine Wolken, die sich laufend verändern, sich hin und her bewegen, bis sie schließlich auf den Boden sinken und sich auflösen. Erzählen Sie mit Ihrem Kind beim Zuschauen, was da passiert.

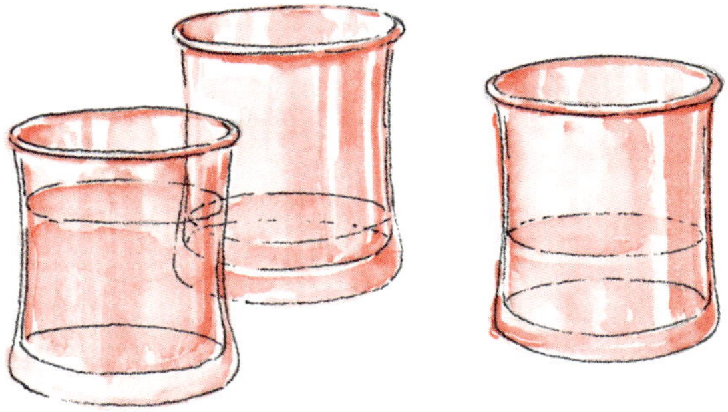

148

Gläserorgel

Wir brauchen:
- **8 Wassergläser**
- **Wasser**

Die Gläserorgel hat schon viele Generationen begeistert. Gläser klingen, wenn man sie anschlägt: ein leeres Glas hell, ein volles Glas dunkel. Wir stellen nun unsere acht Gläser in einer Reihe auf und füllen sie unterschiedlich hoch mit Wasser. Ganz links steht das volle Glas, daneben eines, das nicht ganz so gefüllt ist, daneben ein weiteres, das noch weniger Flüssigkeit enthält usw., bis zum leeren, das ganz rechts steht. Wenn links die Gläser mit den tieferen Tönen stehen, dann findet das Kind später die gleiche Anordnung beim Klavier.
Variation: Machen Sie Ihren Finger naß, und fahren Sie damit oben um den Glasrand herum. Das ergibt ein tolles Summen in verschiedenen Tonlagen, Ihr Kind wird es Ihnen gleich nachmachen!

Das erste Instrument sollte ein Xylophon sein

Neben all den selbstgemachten oder der Natur entnommenen, weniger harmonischen Klangkörpern sollte ein Kind auch ein Instrument besitzen, auf dem es genau gestimmte Töne aus einer Tonleiter oder harmonische Intervalle hören und dann auch spielen kann.
Da bietet sich das Xylophon an. Die Klangstäbe aus Holz klingen sanft. Und die Xylophone sind fast immer recht gut gestimmt.
Das Xylophon bleibt bis weit ins Schulalter interessant.

Drahttriangel

149

Biegen Sie aus dem Draht ein gleichseitiges Dreieck, wie in der Zeichnung gezeigt. Bringen Sie ein Band zum Festhalten des Triangels an. Das Instrument kann mit einem alten Löffel oder mit einem anderen Gegenstand aus Metall angeschlagen werden.

Wir brauchen:
- **30 cm Draht von 5 mm Dicke**

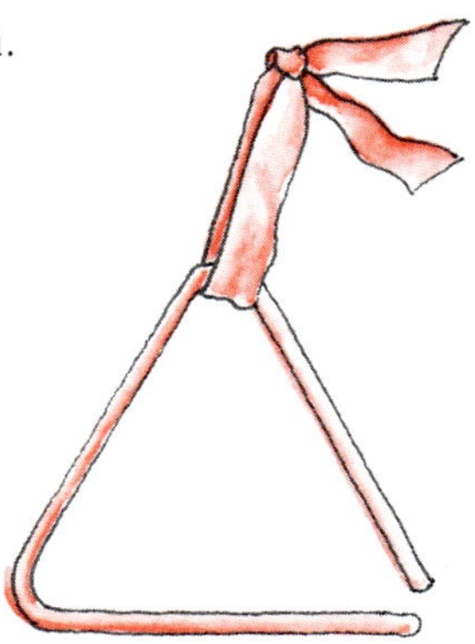

Mut und Kraft machen selbstbewußt

Es ist schon eine ganze Menge, was Zweijährige alles können: vorwärts und rückwärts laufen, kleine Sprünge machen, einen Ball abfangen u. v. m.

Zweijährige machen häufiger die Erfahrung, daß sie plötzlich etwas können, was sie bislang vergebens versucht haben. Das gibt ein gutes und stolzes Gefühl. Und so versuchen sie es immer wieder. Zweijährige beherrschen ihren Körper schon recht gut. Sie laufen sicher vorwärts und sogar rückwärts, im Schlußsprung können sie bis zu 20 Zentimeter überspringen, die meisten steigen treppauf und treppab, einige schon, ohne anzufassen. In der Mitte des dritten Lebensjahres gelingt es einigen, einen Ball aus kurzer Entfernung aufzufangen.

Was sie noch nicht probiert haben, macht ihnen noch angst. Sie möchten es tun, trauen sich aber nicht. Wenn es sich um Bewegungen handelt, die vom Entwicklungsstand her möglich sind, ermuntern Sie das Kind, aber nicht zu sehr! Hat es das Kind gewagt, freuen Sie sich mit ihm über seinen Mut!

Es wird dieses neue Können mit Ausdauer üben, bis es zur Routine geworden ist. Dabei können Sie ihm helfen, indem Sie immer wieder einmal verschiedene Bewegungsspiele mit ihm spielen.

Eltern als Turnpartner

Schleudersitz

150

Hier müssen beide Eltern mitspielen.

Ein Erwachsener legt sich auf den Rücken, streckt die Beine, im Knie leicht angewinkelt, nach oben und macht die Fußsohlen gerade. Der Partner setzt das Kind auf die Fußsohlen. Mit Schwung wird es nun in die Arme des stehenden Erwachsenen geschleudert.

Rolle am Körper

151

Das Kind sitzt auf den Hüften des Erwachsenen. Sie fassen es fest an den Handgelenken und lassen es vorsichtig mit dem Oberkörper nach hinten. Das Kind löst seine Beine von Ihnen ab und macht gleichsam eine Luftrolle rückwärts, um auf die Füße zu kommen.

Schwieriger ist und mehr Mut erfordert die Rolle vorwärts vor dem Körper eines Elternteils. Das Kind steht mit dem Rücken zu Ihnen und reicht Ihnen durch seine gegrätschten Beine seine Hände. Sie fassen es an den Handgelenken und ziehen es mit Schwung in die Rolle.

152 Tuchbälle

Wir brauchen:
- **1 Handtuch**
- **3 Tennisbälle**

Auf ein Handtuch, das Sie und Ihr Kind an den Seiten halten, werden drei kleine Bälle, etwa Tennisbälle, gelegt. Das Tuch vorsichtig rauf- und runterschlagen, ohne daß die Bälle hinunterfallen.

153 Kommandant

Am schönsten ist dieses Spiel, wenn beide Eltern mitspielen. Das Kind ist der Kommandant. Und Sie beide müssen alles machen, was das Kind sagt und zugleich macht: sich auf den Boden setzen, sich hinlegen, wieder aufstehen, auf einem Bein hüpfen, in die Hocke gehen und sogar wie ein Hase hoppeln…

154 Blindekuh

Wir brauchen:
- **1 Augenbinde**
- **2 Glöckchen**

Eine ganz einfache Form des altbewährten Blindekuh-Spiels ist jetzt schon möglich. Es sollten beide Eltern mitspielen. Ein Elternteil bekommt die Augenbinde. Die ande-

ren beiden Mitspieler bekommen je eine Glocke in die Hand. Danach muß die Blindekuh die anderen fangen. Das Kind wird erst Blindekuh, wenn es danach verlangt. Manches Zweijährige kriegt noch Angst, wenn man ihm die Augen verbindet. Vielleicht kommt aber der Mut, wenn es die Eltern einige Male beim Spiel beobachtet hat.

Fußkran

155

Wir brauchen:
- **Bälle**
- **Wollsocken**
- **kleine Schachteln**
- **Murmeln und Dosen**

Alle sitzen auf dem Boden, dazwischen viel verschiedener Kram wie Bälle, Wollsocken, kleine Schachteln, Murmeln und Dosen. Wir versuchen, die einzelnen Sachen mit den Füßen hochzuhieven. Die größeren Sachen bekommt man am besten hoch, wenn man sie zwischen die Fußsohlen klemmt. Kleine Teile hebt man sicherer an, indem man sie unter die Zehen krallt. Das Kind macht mit und hat kreischendes Vergnügen dabei.

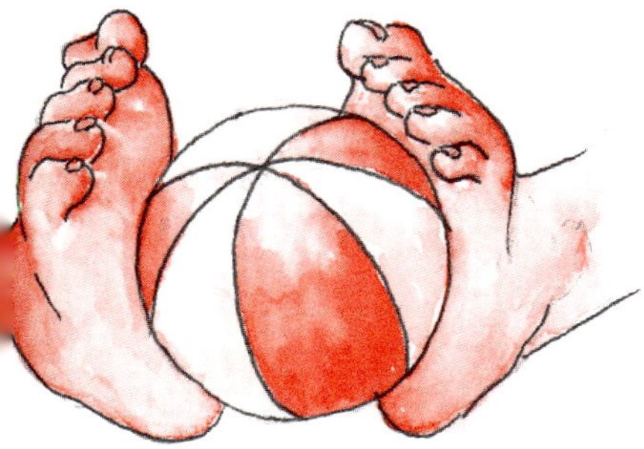

Dreiradfahren

Mit zweieinhalb Jahren können die meisten Kinder schon kürzere Strecken mit dem Dreirad fahren. Haben sie das erst einmal raus, wollen sie kaum noch laufen, so viel Spaß macht ihnen das. Ein solches Gefährt ist ein absolutes Muß.

Straßenwalze

156

Wir brauchen:
- **Kissen**
- **Decken**

Eine Kissen- oder Deckenstraße wird ausgelegt. Das Kind legt sich quer dazu hin und wälzt sich über den weichen Weg. Interessant ist ein ähnlicher Versuch auf der Wiese. Da kann das Kind tatsächlich schon etwas niederwalzen. Anschließend sind die Gräser nach unten gedrückt – eine interessante Erfahrung vom eigenen Gewicht.

157 Boxbeutel

Wir brauchen:
- **1 alten Kissenbezug**
- **Stoffreste oder Schaumstoffflocken**
- **1 Haken**
- **1 Seil, ca. 2 m lang**

Der Boxbeutel läßt sich schlagen, wenn sich im Kind Aggressionen aufgestaut haben, die rausmüssen! Ein alter Kissenbezug wird mit Stoffresten oder Schaumstoffflocken ausgestopft. Er wird so aufgehängt, daß das Kind immer seine Wut an ihm auslassen kann. Möglichst frei schwingend. Das tut gut!

158 Bauchtanz in der Badewanne

Wir brauchen:
- **Schminke oder Fingerfarben**

Vor dem Spiel in der Wanne schminken Sie dem Kind ein Gesicht auf den Bauch. Der Bauchnabel wird zum Mund mit roten Lippen. Es muß nicht Schminke sein, Fingerfarben tun es auch. Augen und Nase fehlen noch. Nun macht das Kind, daß das Gesicht Grimassen zieht: zum Beispiel Bauch einziehen und wieder rund machen oder Falten reinkneifen. Am schönsten ist es, wenn Sie dazu mit in die Wanne steigen und auch so ein lustiges Gesicht auf dem Bauch haben. Denn das kann das Kind ja besser als das eigene anschauen.

Spiele im Wasser

Planschbecken

159

Wir brauchen:
- **eine große Menge Gemüsekisten**
- **1 große, starke Plastikfolie**

Haben Sie einen größeren Garten, so können Sie Ihrem Kind leicht ein großes Planschbecken bauen. Sie umbauen den zur Verfügung stehenden Platz mit Kisten. Nun kaufen Sie im Gartengeschäft eine Teichfolie, die in jeder Richtung etwa 2 Meter länger ist als der umbaute Platz. Die Folie befestigen Sie rundum an Ihrer „Mauer". Und nun noch Wasser einfüllen.

Regen-Spiel

160

Wir brauchen:
- **1 Gießkanne**
- **lauwarmes Wasser**
- **warmes Wetter**

Für fast alle Kinder ist es ein Problem, Wasser auf den Kopf und ins Gesicht zu bekommen. Beim Regen-Spiel gewöhnen sie sich langsam daran.
Das Wetter muß prächtig sein. Damit das Wasser nicht so kalt ist, lassen wir es sich in mehreren Eimern erst ein paar Stunden lang an der Sonne erwärmen. Dann füllen wir das Wasser in die Gießkanne.
Zuerst darf das Kind die Eltern wie eine Blume begießen, dann dürfen die Eltern dies auch einmal mit dem Kind tun. Wenn Ihnen das Wasser aus der Gießkanne im Gesicht nichts ausmacht, wird auch das Kleine seine Scheu sicher bald überwinden.

161

Wir brauchen:
- **1 Tischtennisball**

Pusteball

Sie sind gemeinsam im Wasser. Der Tischtennisball schwimmt vor dem Kind auf der Oberfläche. Nun spielt es Sturm und bläst kräftig gegen den Ball. Es soll Ihnen den Ball zutreiben. Und Sie treiben ihn dann wieder zurück.

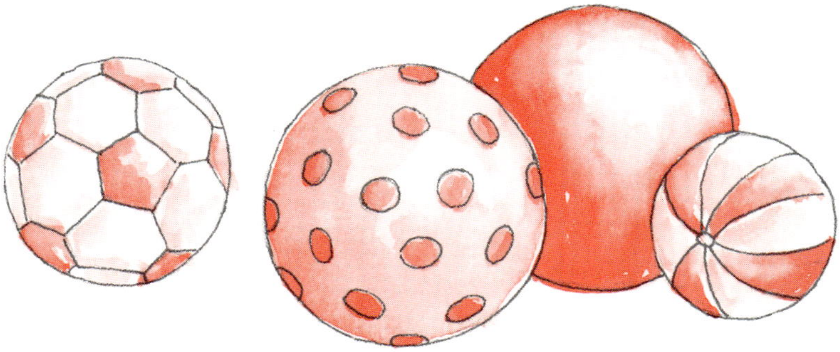

162

Wir brauchen:
- **1 Wasserball**

Ballhopser

Sie sitzen in einem Schwimmbad oder in Ihrem selbstgebauten „Planschbecken“ (Nr. 159). Das Kind sitzt auf einem Wasserball. Den drücken Sie ins Wasser, zunächst nicht so tief. Bereiten Sie das Kind vor: „Achtung, gleich geht es nach oben! Dann kitzelt es im Bauch!“ Dann lassen Sie los. Das Kind wird das erste Mal vielleicht trotz Ihrer „Warnung“ etwas erschrecken, wenn es durch den Auftrieb so plötzlich nach oben gedrückt wird. Dennoch findet es bestimmt Gefallen an der neuen Bewegungsart im Wasser. Nach und nach drücken Sie den Ball mit dem Kind immer tiefer, die Aufwärtsbewegung beim Loslassen wird von Mal zu Mal heftiger. Und der Jubel wird immer kräftiger.

163

Vielen Kindern hilft dieses Spiel, ihre Scheu vor dem Wasser einfach zu „vergessen“.

Dusch-Spiel

Wir sind in einem öffentlichen Schwimmbad. Man braucht mehrere Mitspieler, damit es Spaß macht: Jeder soll unter der Dusche eine Bademütze voll Wasser auffangen und herbeitragen. Wer schafft das am schnellsten?

Jetzt klappt schon ein Zusammenspiel

Schon Krabbelkinder können etwas miteinander anfangen. Sie nehmen sich wahr. Sie berühren sich. Sie erleben: Wenn ich den anderen kneife oder an den Haaren ziehe, schreit er. Sie werfen sich um. Sie schauen sich zu. Sie lachen sich an. Sie stimmen ein, wenn der andere schreit. Im zweiten Lebensjahr, wenn die Kleinen zu laufen beginnen, wird das andere Kind noch interessanter. Man kann zu ihm hinlaufen und von ihm weg. Die Kinder bemerken, daß sie eines lieber mögen als das andere.

Erst im dritten Lebensjahr beginnen die Kinder, Regeln zu verstehen und gezielt miteinander zu spielen.

Doch was das Spielen selbst angeht, so kann man immer wieder beobachten: Im ersten und zweiten Lebensjahr spielen die meisten noch nebeneinander her. Hin und wieder gibt es ein erkennbares Gegeneinander, nämlich dann, wenn ein Kind ein Spielzeug hat, das das andere auch reizt. Erst im Laufe des dritten Lebensjahres ist ein Zusammenspiel möglich. Etwa mit zweieinhalb Jahren haben viele Kinder schon die Regel begriffen: Einmal ich, einmal du – eine Regel, die beinahe so etwas ist wie die Voraussetzung für ein friedliches Miteinander.
Unsere Anregungen für Gruppenspiele kommen mit einfachen Regeln aus. Die meisten Kinder lernen im Laufe des dritten Lebensjahres, solche Regeln zu verstehen und allmählich einzuhalten.

Gruppen-Spiele am Tisch

164 Fischers Glück

Die Kinder sitzen um den Tisch herum. Sie haben alle ihre Hände (Handflächen nach unten) auf den Tisch gelegt. Der „Fischer" steht und läßt seine rechte Hand über die Hände kreisen.

Der Fischer sagt:
„Ich hab' gefischt, ich hab' gefischt,
ich hab' die ganze Nacht gefischt
und keinen einz'gen Fisch erwischt."
Beim Wort „erwischt" versuchen die Kinder, ihre Hände vom Tisch zu ziehen. Der „Fischer" dagegen versucht, gerade noch auf eine Hand schlagen zu können. Dann sagt er: „Nur dich!". Anschließend Rollenwechsel.

165 Taubenhaus

Die Kinder sitzen mit verschränkten Armen am Tisch. Das Spiel beginnt mit:
„Wir öffnen jetzt das Taubenhaus,
die Tauben fliegen froh hinaus!"

Die Kinder lösen die Arme, breiten sie aus und lassen die Hände flatternde Tauben sein. Dabei geht es weiter:
„Sie fliegen übers weite Feld,
dorthin, wo's ihnen wohl gefällt.
Und kehren sie heim zur guten Ruh,
dann schließen wir wieder das Taubenhaus zu!“
Die Kinder holen ihre Arme wieder „herein“ und kreuzen sie. Alle gurren: „Gruh, gruh, gruh, gruh!“

Alle Vögel fliegen hoch

166

Erst wenn die Kinder älter sind, kann man auch einmal Vögel hochfliegen lassen, die überhaupt nicht fliegen können (Pinguin und Strauß zum Beispiel).

Die Kinder sitzen um den Tisch herum und trommeln leise mit ihren Zeigefingern auf die Tischplatte. Dann sagt der Spielleiter: *„Alle Vögel fliegen hooooch! Die Schwalben fliegen hoch!“*
Dabei werfen alle ihre Arme hoch. Dann trommeln sie weiter, und der Spielleiter fährt fort: „Die Tauben fliegen hoch!“ Plötzlich läßt er einen Elefanten hochfliegen. Er darf die Arme hochnehmen, auch wenn er ein Tier nennt, das kein Vogel ist und nicht fliegen kann. Hebt eins der Kinder aber seine Arme auch, hat es also nicht aufgepaßt und muß ein Pfand abgeben.
Man kann auch eine Abwandlung benutzen:
„Alles, was Flügel hat, fliegt hoch!“
Dann kommen auch die Insekten dran und ein paar flugfähige Säugetiere, wie etwa Flughund und Fledermaus. Aber das sind Raffinessen für später.

167

Lustiges Händepatschen – und man braucht keine Hilfsmittel!

Hände-Berg

Ein Mitspieler legt eine Hand flach auf den Tisch. Ein zweiter legt eine Hand auf diese, ein dritter legt seine Hand auf die des zweiten…, bis alle je eine Hand auf den Berg gepackt haben; dann darf der erste seine zweite Hand draufpacken, der zweite und dritte, bis alle Hände auf dem Berg sind. Und dann geht es los: Die unterste Hand wird weggezogen und obendrauf gepackt, die zweite, dritte … Das steigert sich im Tempo, und zuletzt endet das Spiel im Patschen und Klatschen und mit Lachen.

168

Raketenstart

Alle sitzen um den Tisch herum und führen die Bewegungen zusammen aus, nachdem der Spielleiter sie einmal vorgeführt hat: fünfmal mit der flachen Hand auf den Tisch schlagen, fünfmal in die Hände klatschen, fünfmal mit den Füßen auf die Erde stampfen.
Dann folgt ein langgezogenes „Tschtschtschtschtschtsch!“.
Und alle schauen nach oben und rufen: „Aaaaaaaa!“

Tierkonzert

169

Jedes Kind darf sich ein Tier aussuchen, das es in einer Geschichte sein möchte. Es sollte aber eines sein, dessen Stimme das Kind imitieren kann: der Hund, der bellt; die Katze, die maunzt; die Taube, die gurrt; die Kuh, die muht; die Ziege, die meckert; das Schaf, das blökt; die Maus, die fiept; der Rabe, der krächzt; die Henne, die gackert; der Hahn, der kräht; die Gans, die schnattert.
Dann erzählt der Spielleiter eine Tiergeschichte, in der alle ausgesuchten Tiere eine Rolle spielen. Sie sollten möglichst alle mehrmals, müssen aber alle zumindest einmal vorkommen. Sobald er den Namen des Tieres nennt, macht das betreffende Kind dessen Stimme nach. Nennt er dann ganz viele schnell auf einmal, hebt ein großes, lustiges Tierkonzert an.

Glücks-Eins

170

Wir brauchen:
- **1 Würfel**
- **1 Würfelbecher**

Ein ganz einfaches Würfelspiel. Jeder würfelt. Der Spielleiter beginnt, dann geht es im Uhrzeigersinn weiter. Es gewinnt, wer als erster eine Eins gewürfelt hat. Dann fängt es aber gleich wieder von vorn an.

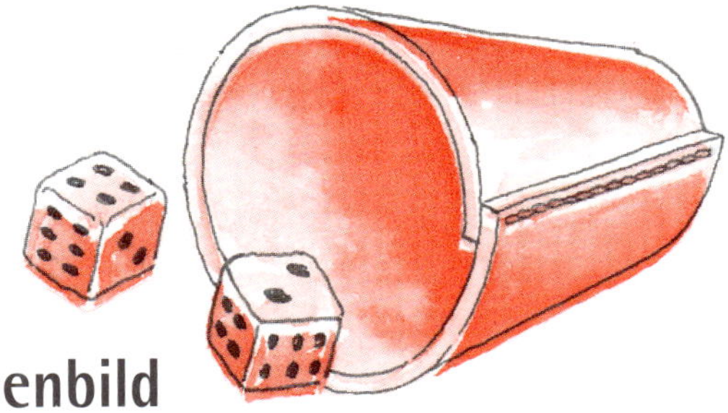

Gruppenbild

171

Wir brauchen:
- **1 großen Bogen Packpapier**
- **Tesafilm**
- **viele Farbstifte**

Der Tisch wird mit dem großen Packpapierbogen bedeckt (mit Tesa an oder unter dem Rand befestigen, damit er nicht verrutscht). Jeder bekommt mehrere Farbstifte. Und jeder beginnt, auf der Fläche vor sich etwas zu malen. Zuletzt ist es ein ganz tolles großes Bild, das natürlich aufgehängt werden muß.

Gruppen-Spiele im Zimmer

172

Wir brauchen:
- **1 Wecker**

Uhren-Suche

Die Kinder kommen in einen Raum, in dem vorher eine laut tickende Uhr versteckt wurde. Alle sollen ganz leise sein und genau hinhorchen.
Wer findet den verborgenen Ticker?

173

Wir brauchen:
- **2 Kilo Kartoffeln**
- **2 Umwelttaschen**

Kartoffeln lesen

In einem längeren Korridor oder auf einer wenigstens 2 Meter langen Strecke im Zimmer werden zwei parallel verlaufende Reihen mit Kartoffeln ausgelegt, und zwar gleich viele Kartoffeln in jeder Reihe.
Zwei Kinder sammeln die Kartoffeln um die Wette auf, jedes hat dafür einen Beutel erhalten. Wer diesen mit den aufgesammelten Kartoffeln als erster dem Spielleiter gibt, ist Sammelmeister. Eine neue Runde beginnt, wenn die Reihen wieder ausgelegt sind.

174

Wir brauchen:
- **2 Töpfe, einen mit Wasser gefüllt, einen leer**

Jedes Kind hat außerdem von zu Hause eine Suppenkelle mitgebracht (mit den Müttern absprechen).

Kellen-Spiel

Die Kinder setzen sich in zwei Reihen gegenüber. Am Anfang und am Ende der Reihen steht ein Topf. In dem einen ist Wasser, der andere ist leer.
Das erste Kind jeder Reihe schöpft Wasser und gießt dieses vorsichtig in die Kelle des zweiten. Sind insgesamt nur vier Kinder beteiligt, kommt das Wasser jetzt in den leeren Topf. Sind mehr Kinder im Spiel, dann wird erst noch die Kelle des dritten und vierten usw. gefüllt.

Jacke an, Jacke aus

175

Wir brauchen:
- **2 Jacken**

Die Kinder sitzen sich in zwei Reihen auf dem Fußboden gegenüber. Sie geben den beiden Kindern an einem Ende der beiden Reihen je eine von den zwei Jacken. Die Kinder ziehen diese an. Dann geben Sie das Startsignal.
Die Jacken-Kinder laufen jedes um seine Reihe herum. Ist es wieder bei seinem Nachbarn angekommen, zieht es die Jacke aus und übergibt sie dem nächsten Kind, das sie anziehen muß, ehe es ebenfalls um die Reihe herumläuft und die Jacke dem dritten Kind übergibt. Das letzte Kind jeder Reihe bringt dem Spielleiter die Jacke zurück.

Das Mumien-Spiel

176

Wir brauchen:
- **1 Rolle Klopapier**

Ein Kind wird „Mumie" – es wird von einem anderen mit Klopapier von den Füßen bis zum Hals eingewickelt. Klar, daß das dabei ganz still stehen muß.

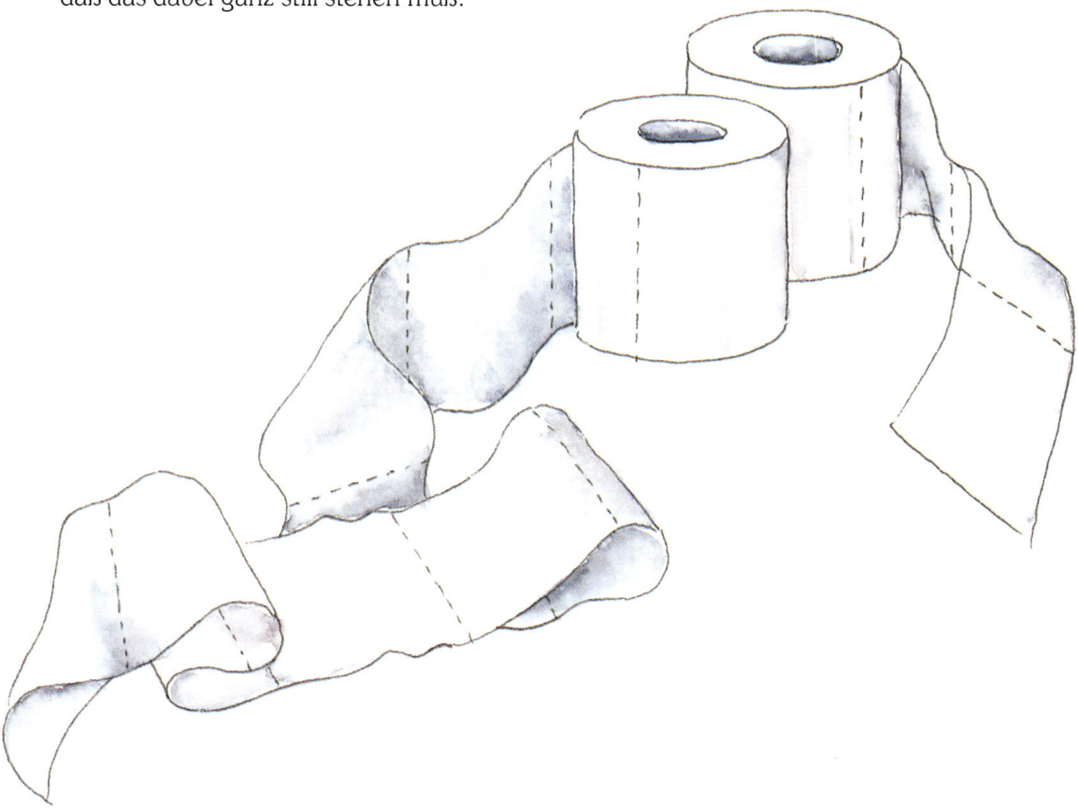

177

Wir brauchen:
- **1 Zauberstab (bunt beklebt oder bemalt)**

Zauberei

Der Spielleiter steht vor den Mitspielern. Er hält den Zauberstab in der Hand. Er „verzaubert" alle. Und die müssen nun dasselbe tun wie er: Alle müssen mitmachen, wenn er auf einem Bein hüpft oder auf allen vieren krabbelt, einen Vogel zeigt oder wie ein Vogel durchs Zimmer flattert. Aber sobald der Spielleiter den Zauberstab fallen läßt, laufen alle in eine vorher verabredete Ecke. Wen der Zauberer dabei erwischt, das heißt abschlägt, der wird der neue Zauberer.

178

Wir brauchen:
- **viele Bausteine**

Bauklötze-Spiel

Ein fester Teppich oder Teppichboden in der Mitte des Zimmers ist die geeignete Grundlage für dieses Spiel. Schütten Sie darauf möglichst viele Bausteine. Jedes Kind kann für sich bauen, alle können aber auch gemeinsam ein Bauwerk errichten. Im dritten Lebensjahr können die meisten schon ganz lange Reihen und ganz hohe Türme hinstellen. Und sie können beides bereits im Blockbau kombinieren. Manche bauen auch schon Zäune, mit denen sie Flächen eingrenzen – als Weide, Zoo, Bauernhof, Spielplatz… Das gibt allen gleich wieder neue Spielanregungen.

Wilder Westen

179

Ein Spiel, so recht für einen glanzvollen Höhepunkt und Abschluß des Spielnachmittags: In die Badewanne werden viele brennende Haushaltskerzen gestellt. Jeder darf versuchen, mit der Wasserpistole eine auszulöschen.

Wir brauchen:

- **1 Packung Haushaltskerzen**
- **1 Wasserpistole**

Gruppen-Spiele im Freien

Rutschvergnügen

180

Im Laufe des dritten Lebensjahres lernen die Kinder, die ganze Rutschbahn hinunterzurutschen. Ist Ihr Kind ängstlich, so drängen Sie es nicht. Wenn es aber will und sich nicht so richtig traut, braucht es ein wenig Hilfe. Dafür sind zwei Erwachsene nötig. Einer setzt das Kind auf die Rutschbahn (Reichhöhe), und der andere fängt es unten auf. Dabei gilt immer: Das Kind nicht drängeln. Meist ist die Scheu bald überwunden, und es geht mit Halli und Hallo auf dem Po.

181

Wippen

Bei diesem Spiel sind 2 Erwachsene oder größere Kinder als Helfer nötig.

Ein Helfer setzt das Kind auf eine Seite der Wippe und hält es fest. Ein zweiter Erwachsener oder ein größeres Kind drückt den Sitz auf der anderen Seite herunter. Ganz langsam geht es hinauf und herunter!
Gibt es noch ein zweites Kleinkind, so sitzt ein wenig später auf jeder Seite eines, wobei es noch von einem Erwachsenen gehalten wird. Nicht lange, und die Kleinen haben dieses erhebende Wippgefühl entdeckt!

182

Schaukeln

Wir brauchen:
- **1 Schaukel**

Am besten setzen Sie sich anfangs selbst auf die Schaukel und nehmen das Kind auf den Schoß. Sie schaukeln gemächlich. Sobald es das mag, darf es, wenn Mutter oder Vater danebensteht, allein schaukeln. Zuerst stößt der Erwachsene ab. Später zeigt er dem Kind, wie es sich selbst in Schwung bringen kann.

Wie alle Gleichgewichtsübungen und -spiele ist auch das Schaukeln für die Entwicklung der Intelligenz von ganz besonderer Bedeutung. Allerdings gilt auch hier: Die Initiative geht von den Kindern aus.
In der Gruppe lernen Kinder gerade beim Schaukeln recht gut die Regel: Erst du, dann ich.

Detektiv-Spiel

183

Wer das Gesuchte zuerst entdeckt, ist der große Entdecker!

Unterwegs – zu Fuß, im Auto, mit der Bahn – bietet ein Such-Spiel willkommene Abwechslung und Übung der Aufmerksamkeit.
Beispiele: Wir suchen einen schwarzen Hund, ein rotes Auto, ein Kind mit Nuckel, einen Mann mit Bart oder eine Frau mit Kopftuch…

Kettenkarussell

184

Ein Spiel, das den Gleichgewichtssinn gut fördert.

Der Erwachsene hält zwei Kinder an der rechten und zwei an der linken Hand, und zwar die kleineren innen, die größeren außen. Nun dreht er sich um sich selbst, zunächst ganz langsam. Die Kinder müssen im Kreis um ihn herumlaufen… Dann wird ein wenig beschleunigt. Irgendwann wird eine Kette reißen.

185

Wir brauchen:
- **alte Klamotten**

Faschingszug

Schon Zweijährige fangen an, sich zu verkleiden. Alle möglichen alten Klamotten sind die reizvollsten Kostüme. Tücher werden umgeschlagen, viel zu große Jacken angezogen, eine Servierschürze von einst wird auf den Rücken gebunden, ein einstmals eleganter Damenhut kommt auf den Kopf. Jeder tut, was er kann. Perfekte Kostüme aus dem Spielzeugladen sind hier nicht gern gesehen. Schließlich soll die Phantasie gefordert sein.

186

Wir brauchen:
- **1 mittelgroße Papiertüte mit 2 Tragegriffen**
- **1 Stück starken Karton**
- **farbiges Transparentpapier**
- **Papierkleber**
- **Doppelklebeband**
- **1 Teelicht**
- **1 Haushaltskerze**
- **1 Holzstab, 1 m lang**
- **1 Drahtbügel aus der Reinigung**

Laternenumzug

Beim Laternenumzug sind die selbstgemachten Leuchten meist beliebter als die gekauften. Aber selbstverständlich sind beide „erlaubt".

Am einfachsten zu machen ist die Tütenleuchte:

Zunächst schneiden wir mit der Schere oder einem Federmesser in die Tütenwände Sterne. Auf diese kleben wir von innen farbiges Transparentpapier. Aus dem Karton schneiden wir sodann ein Stück in der Größe des Tütenbodens und kleben das mit Papierkleber unten hinein. Dadurch wird der Boden stabilisiert. Mit Doppelklebeband wird ein Teelicht darauf befestigt, das wir anzünden. Ist es ein bißchen heruntergebrannt, klebt man in das flüssige

Wachs eine halbe Haushaltskerze. Die wird dann aber erst für den Umzug angezündet.
Mit einer Kneifzange zwicken wir uns ein Stück vom Drahtbügel, das rechts und links mit den Tütengriffen verbunden wird. In der Mitte befestigen wir den Tragestock.

Märchenbaum

187

An einen kahlen Laubbaum, der möglichst tief verschneit ist, werden ein paar Wunderkerzen gehängt und in der Dämmerung angezündet.
Achtung: Wunderkerzen nie in geschlossenen Räumen brennen lassen, die Dämpfe sind krebserregend!

Wir brauchen:
- **1 Packung Wunderkerzen**

Leuchtgespenster

188

Die Leuchtgespenster werden schon am Nachmittag vorbereitet: Ein Luftballon wird so weit aufgeblasen, daß er sich noch über die Birne einer Taschenlampe ziehen und am hinteren Ende, aber über dem Schalter befestigen läßt. Mit Gummiring verschließen. Dem Ballon wird noch ein grausliches Gesicht aufgemalt. Und in der Dämmerung können die Gespenster ihr Licht leuchten lassen.

Wir brauchen (je Kind):
- **1 Luftballon**
- **1 Taschenlampe**
- **1 Gummiring**
- **Filzschreiber, die auf Gummi schreiben**

Lampentanz

189

Alle sind mit Taschenlampen ausgerüstet. Wenn es draußen dunkel geworden ist, tanzen alle nach Musik und eigener Phantasie herum. Dies geht natürlich auch im verdunkelten Zimmer.

Wir brauchen:
- **1 Taschenlampe je Kind**
- **1 Kassettenrekorder**
- **tanzbare Musik**

Im vierten und fünften Jahr

Wenn Rollen-Spiele die Hauptrolle spielen 130

Das klassische Rollen-Spiel: Mutter und Kind 132

Andere Rollen, die für Spiele interessant sind 137

Mehr als ein Rollen-Spiel: Doktor-Spiele 146

Autos und Eisenbahnen 149

Ganz verschiedene Puppen für Rollen-Spiele 152

Rollen-Spiele mit gekauften Spielfiguren 158

Wenn Rollen-Spiele die Hauptrolle spielen

Das Kind lernt anziehen am besten, wenn sich Vater oder Mutter beim Vormachen neben es setzt. Wenn Sie neben dem Kind sitzen, kann es Ihre Bewegungen richtig nachmachen.

Wenn das Kind drei Jahre alt geworden ist, beginnt für viele Eltern eine etwas ruhigere Zeit, wenigstens vorübergehend. Nun ist das Kind ziemlich sicher auf den Beinen, eckt nicht mehr soviel an, fällt nicht andauernd hin; die meisten Kinder sind wenigstens tagsüber trocken und können auch schon einsehen, daß dies und das gefährlich ist. Das Kind läuft gern treppauf und treppab, liebt aber auch Ruhepausen, in denen allerdings Augen und Hände beschäftigt sein wollen: mit Malen, Bauen, Legen, Flechten, Trommeln. Es kann sich weitgehend allein anziehen. Anfangs hapert es noch beim Knöpfen und beim Schließen des Reißverschlusses, beim Gürtelverschluß und beim Schleifenbinden. Aber im Laufe der nächsten beiden Jahre lernt es auch das.
Das Dreijährige kann schon ein paar Minuten konzentriert zuhören. Wenn es gleichzeitig etwas zu sehen gibt, reicht der Geduldsfaden noch weiter.
Begierig nehmen die Kinder dieses Alters neue Wörter auf, die ihnen besonders des fremden Klanges wegen so reizvoll erscheinen. Sie halten oft Selbstgespräche oder reden mit Puppe oder Teddy und üben bzw. festigen so unbewußt ihren neuen Wortschatz.
Das Dreijährige erfindet kleine Handlungen, die es mit seinem Spielzeug spielt. Oft sind das eigene Erlebnisse, vor allem solche, die dem Kind Angst eingejagt haben, zum

Ungemein interessant ist, in ein Kostüm zu schlüpfen, sich bestaunen zu lassen und in der neuen Rolle aufzugehen...

Beispiel wenn es im Freigehege des Zoos miterlebte, wie sich zwei junge Tiger fauchend balgten, oder wenn es vor den Fernsehapparat geriet, als sich dort Mord und Totschlag abspielten.
Es ist das Alter, in dem Kinder üblicherweise in einen Kindergarten gehen sollten. Da haben sie Gelegenheit, sich aus vielen Altersgenossen ein paar auszusuchen, mit denen sie besonders gern spielen.

Erstaunlich, wie lange sich das Vierjährige konzentrieren kann – besonders bei selbstgewählten Beschäftigungen und Spielen.

Haben Sie für Ihr Kind – trotz des gesetzlichen Versprechens – keinen Kindergartenplatz ergattert, sollten Sie versuchen, das Kind auf anderen Wegen mit möglichst vielen Spielkameraden zusammenzuführen, mit Kindern von Freunden und Bekannten, Verwandten und Nachbarn. Oder Sie suchen ein paar Gleichgesinnte (per Anzeige oder Anschlag im Supermarkt), mit denen zusammen Sie eine Spielgruppe bilden.
Spielkameraden sind von nun an immer sehr wichtig, am wichtigsten aber im Alter zwischen drei und sechs Jahren,

Ein Dreijähriges kann schon recht gut mit anderen Kindern spielen, und das Zusammenspiel verbessert sich zusehends.

in dem soziale Verhaltensweisen meist fest vorgeprägt werden. Kompromißbereitschaft, Toleranz, Auch-mal-verzichten-Können, Teilen, Rücksichtnehmen, aber auch das Durchsetzen eigener Interessen – die Grundlagen dazu lernt ein Kind in dieser Phase.
Und einer der besten Wege, solche Eigenschaften zu erwerben, sind Rollen-Spiele, die Kinder jetzt besonders begeistert spielen.

Das klassische Rollen-Spiel: Mutter und Kind

Der erste Mensch, mit dem sich ein Kind auseinandersetzen muß, ist im allgemeinen die Mutter. Spätestens im Trotzalter spürt es, daß seine Interessen nicht immer mit den ihren übereinstimmen. Und es erfährt, daß die Mutter meist die Stärkere ist, diejenige, die ihren Willen durchsetzt. Es weint und ist traurig darüber. Es schmollt und ist wütend. Doch das alles ändert nichts daran, daß das Kind meist zwangsläufig den schwächeren Part innehat.
Da ist es sehr verständlich, wenn im Dreijährigen der Wunsch erwacht, selbst einmal Mutter zu sein und ein Kind zu haben, das tun soll, was ihm gesagt wird. Und so liegt es denn nahe, daß es mit seiner Puppe oder seinem Teddy Mutter und Kind spielt. Manchmal kann man das schon beim Zweijährigen beobachten. Das begnügt sich dann aber mit nur kurzen Episoden, etwa: Es drückt sein Kind ans Herz, gibt ihm ein Küßchen, legt es schlafen. Oder es zerrt es irgendwohin mit.
Auch Jungen spielen anfangs Mutter und Kind, selbst wenn sie schon wissen, daß sie nie Mutter werden können, sondern ausschließlich Vater. Das liegt nicht nur daran, daß sie vom Berufsleben des Vaters meist nichts mitbekommen, sondern vor allem daran, daß sie eben die Mutter tag-

täglich als die mächtige, liebevolle, aber zwangsläufig auch einschränkende Person erleben.
Wenn Kinder, während die Mutter berufstätig ist und das Geld verdient, vom Vater betreut werden, sieht es anders aus. Da spielen dann meist Jungen wie Mädchen das Vater-Kind-Spiel, was sich vom Mutter-Kind-Spiel allerdings nur durch die andere Rollenbezeichnung, nicht durch den Inhalt unterscheidet.
Wenn ein Junge und ein Mädchen gemeinsam mit einer Puppe Familie spielen, schlüpft der Junge meist selbstverständlich in die Rolle, die sein Vater in der Familie hat, und das Mädchen in die der Mutter, die es zu Hause erlebt.
Alle diese Spiele sind für Eltern hochinteressant. In ihnen kann sich zweierlei spiegeln: ihr eigenes Verhalten oder aber was das Kind sich wünscht. Indem das kindliche Spiel Nacherleben oder Wunscherfüllung zeigt, ist es dem Traum eng verwandt. Da die Eltern die meisten Träume ihrer Kinder nicht wissen, können sie durch die Beobachtung des Rollen-Spiels ihre Kinder am besten kennenlernen.

Wenn der Vater zu Hause ist und die Kinder betreut, spielen Jungen Hausmann.

Wenn ein Geschwisterchen kommt…

Besonders spannend und inhaltsreich werden Rollen-Spiele wie „Vater, Mutter, Kind“, wenn es in der Familie Veränderungen gab, wenn zum Beispiel ein Drei- oder Vierjähriges ein Geschwisterchen bekommen hat oder bald bekommt.

Wenn Nachwuchs angesagt ist, sollten Sie Ihrem Erstkind eine Babypuppe schenken. Da sie für ein Mutter-Kind-Spiel besonders reizvoll ist, kann sie zunächst ein Trost für den plötzlich Entthronten sein.

Aber sie ist weit mehr: Während die Mutter das Kleine versorgt, kann sie sich gleichzeitig dem „Großen“ zuwenden, indem sie ihm genau zeigt und erklärt, was da gerade mit dem Baby geschieht, zum Beispiel wenn sie es badet, wickelt, stillt. Das ist für das Kind vor allem deshalb interessant, weil das Erlebte danach sein neuer Spielstoff werden kann.

Klar, daß ein Kind hierfür eine Badebabypuppe braucht, eine, die auch längere Wannenbäder unbeschadet übersteht, die nach dem Abtrocknen nicht weiter tropft, wie das die meisten tun, bei denen sich das Wasser im Rumpf sammelt. Es gibt Puppen im Handel, die zusätzlich trinken und die Windel naß machen können. Das fasziniert Kinder sehr und kann helfen zu verstehen, daß die Mutter das Baby oft trockenlegen muß.

Dies scheint mir sinnvoll zu sein, auch wenn – generell betrachtet – Funktionspuppen der Sozialentwicklung von Kindern eher hinderlich sind. Sie provozieren die eine vorprogrammierte Art des Spiels so sehr, daß viele Kinder nur das und nichts anderes mit ihnen spielen. Das aber engt den Spielraum der Phantasie doch sehr ein.

Dieses Bade-, Trink- und Naß-Mach-Baby allerdings gibt auch den Kleinsten die Chance, die Babypflege ganz realistisch nachzuspielen.

Nicht, daß mit ihm die Eifersucht des „Großen“ wie weggeblasen wäre. Aber als gute Hilfe hat sich dieses Spielzeug bewährt.

In ernsten Fällen beginnt das Kind, sich wieder in seine Babyzeit zurückzuversetzen. Es „wird“ wieder ein Baby. Genauer gesagt: Ganz unbewußt spielt es das Baby-Spiel. Denn es sieht: Ein Baby bekommt mehr Zuwendung als ich. Also will ich auch ein Baby sein. Im Spiel erfüllt es sich diesen Wunsch.

Manchmal ist sein Problem aber so schwierig, daß es damit nicht mehr spielend fertig wird. Dann braucht es plötzlich wieder ein Fläschchen, will

öfter auf den Arm genommen werden oder wieder im Kinderwagen liegen. Nicht selten macht es wieder ins Bett, besonders nachts. Das ist ein normaler Vorgang und kein Anlaß zur Panik.

Wichtig ist, daß die Eltern dem Kind sagen, daß sie seinen Kummer verstehen, und daß sie ihm helfen, Wut und Ärger auf den kleinen Konkurrenten zuzugeben und im Spiel zu bewältigen.

Sie könnten sagen: „Oh, du möchtest wieder einmal Baby spielen. Ja, das macht Spaß!" Und dann spielen Sie das Spiel mit. Solange das Kind an diesem Tag Baby spielt, kann es aber nichts tun, was ein Baby auch nicht tun könnte, etwa bestimmte Sendungen im Fernsehen angucken. In solchen Momenten will das Eben-noch-Baby oft ganz schnell wieder großes Kind sein. Gestatten Sie ihm dieses Hin und Her! Um so besser kann sich Ihr Kind mit seiner schwierigen Situation versöhnen.

Besonders beim Baby-Spiel sollten Sie stets für sanfte Übergänge sorgen. Kann es zum Beispiel gar nicht aufhören, sich an Sie zu klammern, so könnten Sie einen Übergang, eine Rückkehr zur Realität wahrscheinlich recht schnell finden, indem Sie etwa sagen: „Schade, jetzt hatte ich heute mittag gerade Spaghetti mit Tomatensoße (oder was Ihr Großes sonst am liebsten ißt) kochen wollen. Aber für Babys ist das ja nichts. Da werde ich wohl lieber Spinat (oder was Ihr Großes nicht gerne ißt) machen."

Eine ganz wichtige Regel: Reiße ein Kind nie aus seinem Spiel.

Wenn Ihr Kind ganz vertieft ist ins Spiel, dürfen Sie es nicht abrupt unterbrechen. Es gibt aber Möglichkeiten, Spiel und Realität sanft miteinander zu verbinden.

Einen spielenden Übergang vom Spiel zur Wirklichkeit finden, das ist das Geheimrezept von Müttern, die möchten, daß ihre Kinder das Spielen nicht verlernen. Denn eine Regel dafür heißt: Reiße ein Kind nie aus seinem Spiel. Die Realität, so meinen viele, lasse aber gar nichts anderes zu. Manchmal ist das sicher richtig. Meistens aber nicht. Angenommen, Ihr Kind ist vertieft ins traumhaft schöne Spiel mit den Puppen. Sie aber haben das Essen fertig und möchten jetzt zusammen mit Ihrem Kind essen. Vielleicht „klingeln" Sie an der „Tür" der Puppenwohnung und erklären, daß Sie als Puppenoma nun die ganze Familie zum Essen einladen! Dann müssen alle Puppen mit an den Tisch. Und sie müssen vielleicht auch mitessen oder gefüttert werden.

Wenn Sie sich als Puppenoma ganz in das kindliche Spiel einfühlen, können Sie das Kind in seiner Mutterrolle bestätigen, und es wird sehr gerne bereit sein, auch Ihre Rolle anzuerkennen. Meistens jedenfalls. Probieren Sie das doch mal aus!

Andere Rollen, die für Spiele interessant sind

Drei- und Vierjährige können nicht nur die Menschen der eigenen Familie beobachten, sondern noch viele Leute mehr. Und dabei sammeln sie unentwegt Stoff für neue, faszinierende Rollen-Spiele.
Bei allen Spielen, die ich hier vorschlage, kann sich das Kind in Rollen versetzen, die es später einmal wirklich übernehmen könnte.
Alle Rollen können von Mädchen wie von Jungen übernommen werden. Ich benutze der Einfachheit halber nur die männlichen Berufsbezeichnungen, aber die Tatsache, daß Mädchen wie Jungen solche Berufe ausüben können, sollte uns inzwischen geläufig sein.
Es gibt darüber hinaus noch viele ganz andersartige Rollen-Spiele, solche, in denen sich Kinder in Phantasiefiguren „verwandeln" können.

Kinder werden zu Nixen und Feen, zu Monstern und Gespenstern. Und außerdem gibt es unzählige Rollen-Spiele mehr – suchen Sie ruhig selbst danach.
Für viele Rollen-Spiele ist eine Klamottenkiste von großem Nutzen, in der alle möglichen Tücher und Bänder, alte Hüte und ausgetretene Latschen, alte Röcke, Hosen und kaputte Jacken zu finden sind. Unmodern gewordenes und von Mutti gespendetes Schminkzeug ist oft auch gut zu gebrauchen. Es sollte aber hautverträglich sein.

Ritter, Tyrannosaurus, Drachentöter… Kinder schlüpfen gern in solche Rollen, in denen sie sich stark und unbesiegbar fühlen.

190 Kaufmann

Einen perfekten Kaufmannsladen braucht das Kind nicht. Ein kleiner Tisch oder ein umgestülpter Umzugskarton wird zur Theke. Was aber wirklich notwendig ist, wenn das Spiel Spaß machen und das Kind etwas davon haben soll, sind Waage und Kasse.
Die Waage muß eine mit Waagschalen sein. Auf der einen Seite werden die Gewichte gestapelt, auf der anderen das Wiegegut. So lernt das Kind das Prinzip des Gleichgewichts verstehen.
Und für die Kasse gilt: Wenn das Schubfach aufspringt, muß es klingeln. Dann macht das Kassieren doppelt Spaß. Wenn als „Käufer" mal keine gleichaltrigen Spielkameraden zur Verfügung stehen, werden auch Vater und Mutter als Kunden akzeptiert.

191 Busfahrt

Wir brauchen:
- **1 große Kiste**
- **alte Fahrscheine von Fahrten mit öffentlichen Verkehrsmitteln**

Ein Busfahrer braucht erstens einen Bus – das soll die große Kiste sein – und zweitens wenigstens einen Mitspieler, der Bus fahren will. Der Busbenutzer muß dem Fahrer sagen, wohin er fahren will, und erhält dann den Fahrschein. Der Fahrgast setzt sich, die Fahrt geht los, und zwar mit viel Gebrumm. Der Fahrer ruft in kleinen Abständen die Haltestellen aus, zuletzt das Ziel seines Fahrgastes, und dieser steigt wieder aus.

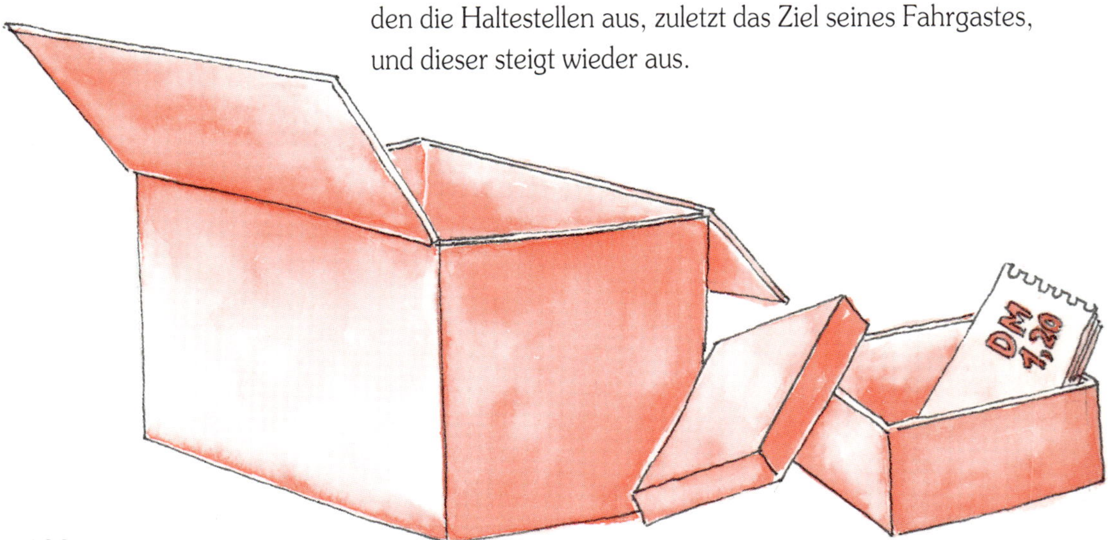

So ein Spiel bleibt nicht lange attraktiv. Aber der Bus könnte eine Panne haben und darum in die Werkstatt müssen. Dann wird der Fahrgast schnell zum Automechaniker. Solche Spielmöglichkeiten sollten Sie ausschließlich dann vorschlagen, wenn das Spiel stockt. So können Sie der Phantasie wieder auf die Sprünge helfen.
Wichtig in solchen Fällen: Lernen Sie zu akzeptieren, wenn Ihr Kind Ihre Vorschläge mal nicht annimmt.

Post

192

Wir brauchen:
- **Postformulare**
- **abgestempelte Briefmarken**
- **Löschpapier**
- **Kleber**
- **1 Stempelkasten**

Man kann eine Kinderpost kaufen, muß aber nicht. Es gibt bei der richtigen Post kostenlose Postformulare, die sich im Spiel einsetzen lassen: Paketkarten, Adreßaufkleber, Überweisungsscheine, Einschreibezettel. So lernen die Kinder gleich die richtigen Formulare kennen. Abgestempelte Briefmarken kann man von den Briefen und Karten lösen, auf Löschpapier trocknen und für das Post-Spiel sammeln. Der Beamte der Spielpost kann sie dann mit Klebestift auf die Kinderbriefe kleben.

Was man außer Kleber unbedingt braucht, ist ein Stempel. Sinnvoll wäre es, schon jetzt einen Stempelkasten zu kaufen, aus dem sich beliebige Stempel zusammenbauen lassen. Noch halten Sie ihn „unter Verschluß" und bauen dem Kind die Stempel, die es braucht. Ein wenig später will es das selbst tun. Das wird dann bei vielen zu einer neuen Lieblingsbeschäftigung. Schnell fangen die Kinder an zu fragen, weil sie die Buchstaben kennen wollen, die sie zusammenstecken.

193

Wir brauchen:
- **einige Plüschtiere**
- **2 Kinderscheren**

Tierarzt

Der Tierarzt braucht ein Wartezimmer, zu dem eine bestimmte Zimmerecke bestimmt werden kann. Da sitzen Leute mit ihren kranken Tieren. Um herauszufinden, ob der Hund, das Schaf oder der Elefant Fieber hat, muß der Arzt den Tieren seine Hand auf den Kopf legen. Er muß den Puls der Katze messen und das verletzte Hasenbein angucken. Manchmal wird er auch operieren müssen. Mit Schere, Nadel und Faden sollte Herr oder Frau Doktor aber nur so tun als ob.
Sollten die Kinder den Plüschtieren mal wirklich den Bauch aufschneiden wollen, so sollten Sie versuchen, sie von diesem Vorhaben diplomatisch abzubringen. Eine Phantasiewunde heilt schließlich schneller!
Ist ein Tier behandelt, ruft der Arzt: „Der nächste bitte!“ und öffnet die unsichtbare Tür zum Wartezimmer.

194

Wir brauchen:
- **Puppen**
- **Spieltiere**
- **1 Verkleidungskiste**

Zirkus

Ein Zirkus braucht vor allem Akteure. Als Publikum sind auch Puppen oder Spieltiere akzeptabel. Die Tiere, die in der Manege ihre Kunststückchen vorführen – auf die Befehle eines Dompteurs hin, versteht sich –, sollten von den Kindern dargestellt werden. Da balanciert ein Seehund einen Ball auf seinem Kopf, da macht ein Löwe Männchen. Da springt ein Hund durch einen Reifen, und ein Pferd galoppiert im Kreis herum. Da spielt ein trompetender Elefant Fußball, und ein Affe nimmt den anderen auch noch huckepack.
Der Clown muß verkleidet und geschminkt sein. Der Rückgriff auf die Verkleidungskiste ist hier unumgänglich. Wenn ein Clown komisch wirken will, gelingt das manchmal schon, wenn er bloß Sachen aus dieser Kiste falsch herum anzieht: Latschen an die Hände, Jacke mit dem Rücken nach vorn, einen Hut, in dem der ganze Kopf versinkt (kleine Augenschlitze einschneiden).

Hier kann jeder vorführen, was er besonders gut kann. Und wirklich klappen muß das nicht. Schließlich macht der Clown auch immer alles falsch.

Modenschau

195

Hier verkleiden sich alle so witzig wie möglich. Wer gerade nicht vorführt, ist Zuschauer. Eine Reihe von Handtüchern, quer über den Fußboden des Kinderzimmers gelegt, symbolisiert den Laufsteg. Und ein schöner großer Spiegel sollte auch nicht fehlen, damit Ihr Kind sich darin gebührend bewundern kann.

Wir brauchen:
- **1 Verkleidungskiste**
- **Spiegel**

196

Wir brauchen:

- **1 Umzugskiste**
- **1 Suppenkelle**
- **1 Flasche Saft**
- **Kakao**

Flugreise

Eine Umzugskiste wird zum Flugzeug, eine Suppenkelle zum Mikrophon. Ein Kind spielt den Piloten, ein zweites den Fluglotsen im „Tower" und erteilt zunächst die Start- und später auch die Landeerlaubnis. Der Pilot spricht mit der Person im Turm. Wie ist die Windgeschwindigkeit? Bekommt er eine Starterlaubnis? Dies geht sicher nicht immer auf Anhieb. Dann soll der Pilot erst einmal Warteschleifen fliegen. Warum? Vielleicht ist die Landebahn vereist und muß erst aufgetaut werden. Oder es wollen im Moment einfach zu viele Flugzeuge auf einmal landen. Sie selbst könnten Steward oder Stewardeß spielen und weitere Kinder die Passagiere, die sich anschnallen müssen, wenn die Stewardeß es sagt, und denen sie zur Erfrischung zwischendurch (echten) Kakao oder Saft bringt.
Es kann auch mal zu einer Notlandung kommen, weil ein Motor oder ein Triebwerk ausgefallen ist. Alle müssen sich anschnallen. Einige haben Angst. Es gibt Getöse. Dann ist es geschafft. Der Pilot war eben supergut!

197

Wir brauchen:

- **1 Skianzug**
- **Alufolie**
- **1 Helm**
- **1 großen Umzugskarton**

Astronaut

Ein Astronaut unterscheidet sich von anderen Menschen zunächst einmal durch seinen Anzug. Skianzug und Helm machen mit Hilfe von etwas Alufolie aus einem der Kinder einen Astronauten. Der Umzugskarton wird hochgestellt und so zur Rakete. Der Weltraumflieger klettert hinein. Nun wird rückwärts gezählt: „Zehn, neun, acht, sieben, sechs … zero!"
Können die Kinder noch nicht sicher und schon gar nicht rückwärts zählen, dürfen sie Zahlen nennen, wie sie wollen. Sie vereinbaren aber, daß ein bestimmter Mitspieler einmal „zero!" ruft. Dann darf niemand mehr weiterzählen. Die Stimmen werden ja nun auch gebraucht, um das Startgeräusch der Rakete zu imitieren.
Wenn der Astronaut hoch über der Erde kreist, kann er er-

zählen, was er sieht. Hierbei können Sie die kindliche Phantasie sich austoben lassen. Vielleicht kann seine Rakete sogar auf dem Mond landen oder auf dem Jupiter! Auf irgendeinem Stern. Das finden auch die Kleinen schon toll. Irgendwann kommt der Astronaut zurück. Er landet im Meer. Und vielleicht wollen ja nun alle, daß sich die Rakete in ein prachtvolles Schiff verwandelt.

Gespenster

198

Wir brauchen (je Kind):
- **1 großes helles Tuch**
- **1 Taschenlampe**
- **1 Luftballon**
- **1 Gummiring**

Die großen hellen Tücher werden von einem mutigen Kind locker übergeworfen, machen aus ihm ein Gespenst, das durch kleine Löcher im Laken in die Welt schaut.
Am schönsten ist es, im Dunkeln zu spielen. Dann bekommt jedes Gespenst eine Taschenlampe.
Besonders gruselig sieht es aus, wenn man über jede Taschenlampe einen fast aufgeblasenen Luftballon – evtl. mit aufgemaltem Gesicht – zieht und diesen dann mit einem festen Gummiring über dem Taschenlampengriff oberhalb des Schalters verschließt. Das ist zwar nicht ganz einfach, dafür aber um so wirkungsvoller.
Gelinde Ängste kann das Kind im Spiel ganz gut wegspielen. Wenn ein Kind wirklich Angst bekommt, sollten Sie aber entweder das Spiel abbrechen oder das ängstliche Kind an einen Ort bringen, wo es sich nicht ängstigen muß. Sprechen Sie mit ihm darüber, und erklären Sie ihm, daß es Gespenster nur im Spiel gibt.

199

Märchen-Spiele

Wir brauchen:
- **1 Märchenbuch**

Da alle Mitspieler das Märchen kennen müssen, erzählen Sie es noch mal oder lesen es vor. Bei den Drei- und Vierjährigen können Sie in der darstellerischen Wiedergabe nur eine Kurzfassung erwarten. Das macht nichts.
Wichtig ist, daß die Kinder erleben, welchen Spaß es machen kann, eine gehörte Geschichte selbst darzustellen und nachzuerleben. Geeignet sind vor allem Märchen, die an einem oder höchstens an zwei Orten spielen, wie etwa „Dornröschen“, „Rotkäppchen“ oder „Schneewittchen“.

200

Budenzauber

Wir brauchen:
- **Decken**
- **Umzugskartons**

Wenn Rollen-Spiele in einer „Bude“ stattfinden, sind sie bei vielen Kindern besonders beliebt. Beim Vater-Mutter-Kind-Spiel wird die Bude zur Wohnung, beim Indianer-Spiel zum Zelt, beim Eskimo-Spiel zum Iglu, bei der Modenschau wird sie zur Umziehkabine, beim Doktor-Spiel zum Sprechzimmer usw.
Als Bude können gekaufte Spielhäuser und Zelte dienen; noch schöner aber finden die meisten Kinder selbstgebaute Buden und Höhlen, weil die sich leichter verändern und schneller an neue Spielideen anpassen lassen.
Immer noch beliebt ist der Unterschlupf unter dem an den Seiten mit Decken verhängten Tisch. Gut ist es auch, eine Spielecke durch zwei aufeinandergestapelte Umzugskartons vom Rest des Zimmers abzugrenzen. Oder man baut eine Mauer aus Schuhkartons.

Aggressions-Spiele umwandeln

Erzieherinnen können ein Lied davon singen: In jeder Gruppe gibt es Kinder, die irgendwann einmal oder auch häufiger einen Western anschauen durften und die jetzt, tief beeindruckt von den aktionsreichen Geschichten und den stets schußbereiten Cowboys und Sheriffs, auch im Kindergarten unbedingt Western spielen wollen.
Da sich die laute Ballerei tiefer einprägt als irgendein Handlungsablauf, ist bei ihren Western-Spielen auch kaum mehr als Schießwut und -freude zu erkennen.
Verbieten ist sinnlos. Das beendet das Spiel zwar im Augenblick, macht es aber nur noch reizvoller. Sinnvoller ist es, zunächst auf das kindliche Spiel einzugehen und es dann als Mitspieler in eine andere Richtung weiterzuentwickeln.

Das ist nicht schwierig. Wenn sich die Revolver – und das tun sie sicher – auf Sie richten, so verstehen Sie das als Einladung zum Mitspielen. So, Sie wurden getroffen. Fallen Sie also auch um! Stöhnen Sie, und verlangen Sie einen Arzt. Nach dem ersten Schrecken, der die Kinder erfaßt, wenn Sie umgefallen sind, verlangen Sie noch mal einen Arzt. Dann kommt eins der Kinder sicher drauf, daß das jetzt ein neues Spiel ist. Es rennt zum imaginären Telefon, dreht die Scheibe und ruft die Ambulanz. Die kommt in Höllentempo mit Tatütata angesaust.
Man muß Sie auf die Bahre packen, ins Krankenhaus fahren, operieren. Achtung: Vor einer Operation die Hände waschen und den Mundschutz vorbinden, die Schürze anziehen, das Käppi aufsetzen.
Sie dürfen soufflieren – die Kinder stören sich selten daran, wenn dadurch Spiel und Wirklichkeit ein wenig ineinander übergehen.
Nach mehreren Behandlungen sind Sie bestens wiederhergestellt. Ein Grund zum Feiern. Schon wieder ein neues Spiel – bei dem Sie die Kinder sich sicher nun wieder selbst überlassen können, bis zum nächsten wilden „Bumbum“.

Wir brauchen:
- **Äste**
- **Bretter**
- **Latten**
- **alte Wolldecken**
- **1 wasserdichte Folie**

Auch im Garten oder auf dem Spielplatz sollte es eine Möglichkeit geben, eine solche Bude oder Höhle zu bauen. Am einfachsten ist die Grundkonstruktion aus Ästen, Brettern oder Latten. Darüber kann man dann noch eine alte Wolldecke, noch besser, eine Folie legen. Denn nichts ist aufregender als eine wasserdichte geheime Höhle, in die man auch bei Regen fliehen kann. Wenn es dann tüchtig auf das Foliendach prasselt, fühlen sich die Kinder drinnen wohlig geborgen. Übrigens: Solche Buden und Höhlen sind vor allem dann reizvoll, wenn der Zutritt für Erwachsene verboten ist und die Erwachsenen sich auch strikt an dieses Verbot halten.

Mehr als ein Rollen-Spiel: Doktor-Spiele

Es gibt natürlich auch ein Rollen-Spiel, bei dem eines der Kinder Arzt spielt und die anderen die Patienten sind. Er fühlt ihren Puls, mißt den Blutdruck, tastet den Bauch ab. Doch das sind nicht die einzigen Bereiche des Körpers, die den Vierjährigen interessieren. Im vierten Lebensjahr erwacht ein neues Interesse am eigenen sowie am Körper

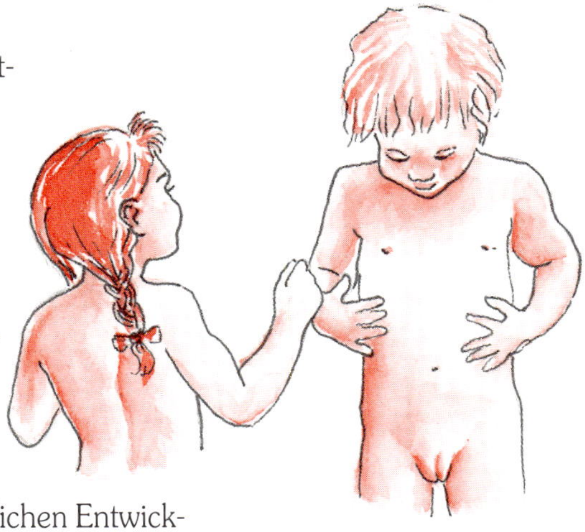

der Altersgenossen, der gleichgeschlechtlichen wie der andersgeschlechtlichen.
In dieser Zeit beginnt bei den meisten Kindern die Phase der ersten sexuellen Entwicklung.
Dies ist schon die dritte wichtige Phase der Entwicklung der Neugier und Selbst- wie Welterfahrung, die bei den Kindern angenehm und lustvoll jeweils mit einer anderen Körperregion verbunden ist (siehe Kasten „Die drei Phasen der kindlichen Entwicklung", Seite 148).

Doktor-Spiele haben nichts „Anstößiges" an sich. Sie sind sehr wichtig für die Selbst- und Welterfahrung der Kinder. Schenken Sie ihnen nicht mehr und nicht weniger Beachtung als den anderen Spielen.

Wenn die Kinder jetzt Doktor spielen, sind sie vor allem an der genitalen Zone interessiert und untersuchen sie beim jeweils anderen Kind genau. In dieser Ausprägung ist das Doktor-Spiel mehr als ein Rollen-Spiel.
Viele Eltern erschrecken, wenn sie Sohn oder Tochter mal dabei entdecken, und auch heute gibt es noch manche Eltern, die so etwas rundweg verbieten: „So was tut man nicht!" Dahinter steckt die elterliche Angst, das Kind könnte womöglich viel zu früh sexuelle Neigungen verspüren oder gar übermäßig triebhaft veranlagt sein.
So verständlich diese Angst sein mag, so unbegründet ist sie auch.
Das Stadium dieser speziellen Neugierde und auch des Erprobens körperlicher Lust gehört zur gesunden Entwicklung eines jeden Kindes.
Nicht diese Spiele an sich sind problematisch, sie werden es aber bisweilen durch die elterlichen Reaktionen, wenn diese mit peinlichem Berührtsein oder gar Verbot reagieren. Versuchen Sie, den Doktor-Spielen nicht mehr und nicht weniger Beachtung als anderen Spielen auch zu schenken.
Doktor spielen Kinder nur mit bevorzugten Freunden. Die meisten Jungen tun es mit ihrer besten Freundin, die meisten Mädchen mit ihrem besten Freund.

Die drei Phasen der kindlichen Entwicklung

*Die **erste Phase** – in etwa das erste Lebensjahr – ist dadurch gekennzeichnet, daß der Mund die lust- und erkenntnisbringende Zone ist, die beim Saugen und Nuckeln aktiviert wird. Alles Neue muß das Kind in den Mund nehmen, um es sich „anzueignen". Deshalb wird diese die orale (von lat. os = Mund) Phase genannt.*

*In der **zweiten Phase** wird der After zur vorrangigen Quelle des Lernens von Hergeben und Festhalten, von Ordnung und Sauberkeit. Diese Phase nennt man (von lat. anus = After) die anale Phase.*

*In der **dritten Phase** – beginnend im dritten, vierten Lebensjahr – bekommen der „kleine Bengel" und die „Muschi" als „erogene" Zonen eine größere Bedeutung. Viele Buben und Mädchen haben schon vorher entdeckt, daß das Spielen am Glied bzw. an der Klitoris Lust bereitet.*
Bei den meisten bekommt die Beschäftigung mit den eigenen erotischen Empfindungen aber erst jetzt eine Bedeutung.
Damit geht einher, daß sich die Jungen wünschen, die Mama ganz für sich alleine zu haben, und mit dem Vater konkurrieren. Und die Mädchen wollen den Papa heiraten und würden die Mama am liebsten auf eine ferne Insel schicken.

Aber auch Jungen kriechen manchmal mit dem Freund unter die Decke, und manchmal kann man auch zwei Mädchen dabei beobachten. Vertrautheit scheint grundsätzlich ebenso zu diesem Spiel zu gehören wie der Ausschluß anderer.
Eltern sollten aus der Art der kindlichen sexuellen Begegnung keine falschen Schlüsse auf späteres sexuelles Verhalten ziehen. Sind zwei Jungen oder zwei Mädchen bei einem Doktor-Spiel, so bedeutet das in der Regel nicht, daß die Kinder homosexuell oder lesbisch werden. Das gemeinsame Miteinanderspielen liegt hier wirklich auf einer völlig anderen Ebene.

Autos und Eisenbahnen

Da hat der Herr Sohn oder das Fräulein Tochter nun schon mindestens 20 Modellautos – das sollte doch reichen, oder? Nein, was will dieses unersättliche Kind bei jedem Besuch im Kaufhaus wieder haben: ein Modellauto! „Du hast doch schon so viele!“ ist überhaupt kein Argument. Denn prompt kommt: „Aber so eins hab’ ich noch nicht! Und das brauche ich unbedingt!“

Mangelt es da an Bescheidenheit? Dem Kind geht es im Grunde nicht um ein Auto, sondern um ein Rollen-Spiel: Verkehr möchte es nachahmen. Und mit wenigen Autos läßt sich das nicht machen.
Denn auf einer Autobahn gibt es in jeder Richtung mindestens zwei Spuren, vielleicht auch noch Schleichspuren, es gibt immer wieder ein Rasthaus und eine Tankstelle, Parkplätze, Abfahrten.

Wenn das alles benutzt werden soll in diesem Spiel, dann braucht man schon eine Menge Wagen. Auch Staus muß es geben, und Unfälle müssen passieren. Dann braucht man dringend ein Polizeifahrzeug, einen Krankenwagen und die Pannenhilfe des ADAC, falls mal eine Reparatur notwendig ist. Ärgern Sie sich also nicht, wenn Ihr Kind wieder ein neues Auto möchte. Unmäßigkeit spiegelt sich in diesem Wunsch nicht. Eher Beständigkeit. Denn es geht immer wieder um das gleiche Spiel. Es wird auch nie langweilig, weil es so vielseitig ist. Es gibt Autorennen und Autoreparaturwerkstätten, Parkprobleme, Parkhäuser.
Das heißt natürlich nicht, daß jeder Autowunsch auch erfüllt werden muß. Das Kind sollte auch in dieser Beziehung lernen, daß Ihr Geldbeutel nicht unerschöpflich ist.
Wenn Sie Autos kaufen, ohne daß das Kind sich ausdrücklich ein bestimmtes gewünscht hat, wählen Sie Nutzfahrzeuge. Die weiten die Spielmöglichkeiten aus: ein Möbel- oder ein Viehtransporter, ein Autobus oder ein Lastwagen, ein Baufahrzeug wie Bagger oder Kran.

Es muß nicht unbedingt eine Welt der Modellautos sein. Dieselbe Funktion erfüllt auch eine Modelleisenbahn. Hier kommt noch ein weiterer Reiz hinzu: Das Kind kann – und dazu muß es eben erst einmal älter werden – seine kleine Welt sogar recht realistisch selbst erschaffen. Es kann Berg

und Tal entstehen lassen, Flüsse fließen auf seinen Befehl, Häuser und Brücken werden gebaut.
Wenn eine Modelleisenbahn nur Runden dreht und Kinder dabei nur auf Knöpfchen drücken können, dann ist das Spiel mit ihr wenig kreativ. Doch wenn sie sich diese Welt selbst gestalten können, dann ist es ein wunderschönes Spiel, eines, das meist das mit den Modellautos ablöst, eines, zu dem Jungen und Mädchen kaum vor dem achten Geburtstag in der Lage sind.

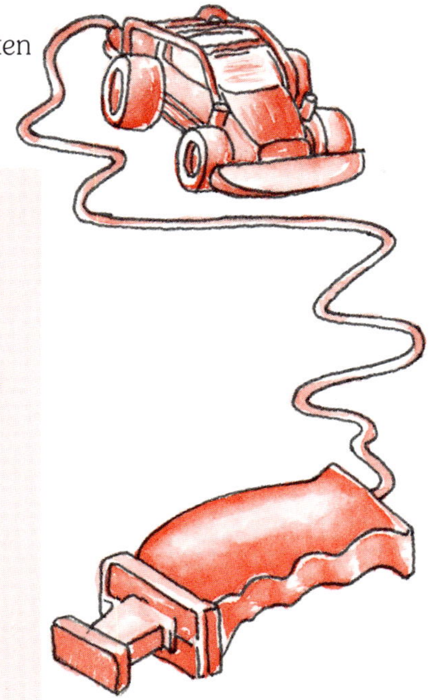

Kinder, Autos, Eisenbahn und Flieger

Warum spielen die Kinder so gern Verkehr? Erstens weil sie ihn tagtäglich erleben, weil er aufregend ist und weil sie sich die Aufregung vom Leibe spielen müssen. Zweitens aber ist so eine Autobahn eine Rennstrecke, sind Straßen in der Stadt jeweils eine kleine Welt für sich, eine Welt, in der, wer mit ihr spielt, bestimmen kann, was passiert, ob unvorsichtiges Fahren zu einem Unfall führt oder ob es noch mal gutgeht, ob da ein Geisterfahrer von der Polizei gefaßt wird oder ob er entwischt, ob Familie Meier eine Panne hat oder pünktlich zum Flughafen kommt.
Ja, wer da spielt, hat Macht, Macht sogar über Leben und Tod. Und diese Macht zu erleben, das ist ein sehr guter und wichtiger Ausgleich dafür, daß ein Kind im Alltag ja stets mit seiner Ohnmacht konfrontiert wird.
Vieles bleibt ihm noch verwehrt, obwohl es gar nicht einsehen mag, daß das Verbotene gefährlich sein soll. Vieles erlebt es als reine Willkür. Und die kann das Kind in der Welt der kleinen Modelle nun selbst anwenden.

Ganz verschiedene Puppen für Rollen-Spiele

Nicht jedes Rollen-Spiel muß zusammen mit anderen Kindern gespielt werden. Rollen-Spiele kann man auch mit Handpuppen, Marionetten, mit Fingerpuppen oder mit kleinen Figuren spielen, die zum Modellspielzeug oder zu anderen Spielzeugen passen. Die Sache macht aber oft mehr und manchmal nur Spaß, wenn es auch Zuschauer gibt. Zuerst muß das Kind selbst ein paarmal zuschauen, und Vater oder Mutter muß etwas vorspielen. Mit der Zeit will das Kind selbst aktiv werden, will zu dem werden, der die Handlung bestimmt.

Es ist allerdings gar nicht so leicht, eine Handlung zu erfinden und sie dann auch noch vorzuspielen. Wenn die ersten Ansätze aber gefunden sind, kann sich ein solches Puppen-Spiel schnell zur Lieblingsbeschäftigung des Kindes entwickeln. Mit den verschiedenen Puppen läßt sich auch auf sehr unterschiedliche Weise spielen. Ein perfektes Kasperletheater ist etwas besonders Attraktives, weil es auch zum Spiel vor Zuschauern motivieren kann. Aber es engt auch ein. Und oft ist die Bühne recht klein. Am einfachsten ist es, Sie bringen im Türrahmen des Kinderzimmers, in Höhe der Körpergröße des Kindes, zwei Haken an und dann zwei Ringe an einer Decke. Wird die Decke in den Türrahmen gehängt, soll das Kind dahinter nicht mehr zu sehen sein. Über der Decke, das ist die „Bühne". Sie eignet sich für Hand- und für Fingerpuppen.

Nicht nur Marionetten, alle hier erwähnten Puppen kann man kaufen. Es gibt sehr hübsche von jeder Gattung. Aber Selbermachen macht oft mehr Spaß.

Fingerpuppen können auch ein wunderbares Spielzeug für unterwegs sein, das im Handschuhfach oder in der Hand-

tasche untergebracht und jederzeit hervorgezaubert werden kann, wenn es droht langweilig zu werden.
Mit Marionetten spielt man anders. Die läßt man am besten auf dem Boden miteinander umgehen. Bekanntlich werden Marionetten an Fäden geführt, an denen sie hängen. Mit Hilfe der einzelnen Fäden können Beine oder Arme oder auch der Kopf bewegt werden.
Was an Marionetten auf dem Markt ist, ist durchweg für Dreijährige noch zu schwierig. Vierjährige könnten es mit den einfachsten Marionetten schon einmal versuchen. Aber kaufen Sie erst nur eine Marionette, und lassen Sie Ihr Kind sie ausprobieren.
Es folgen einfache Anleitungen, nach denen man Handspielpuppen, Handspieltiere, Fingerpuppen und Marionetten selbst herstellen kann.

201

Handspielpuppen

Material:
siehe Kasten unten

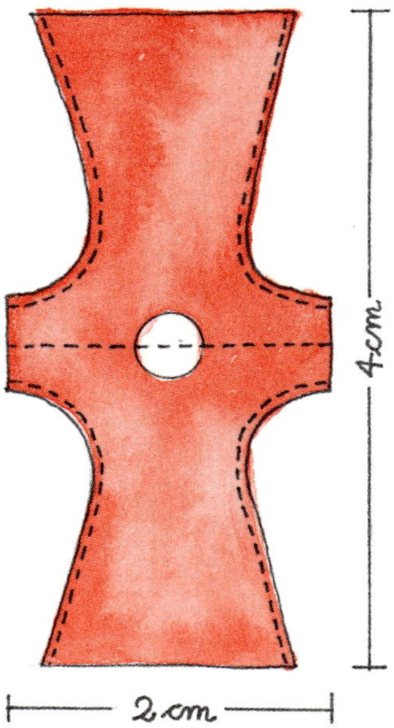

Die Kugeln, die den Puppenkopf abgeben, sowie die Perlen, die Hände werden sollen, werden zunächst einmal mit Plakafarbe angemalt – weiß, rot, gelb oder fleischfarben. Die Kugeln werden dafür schon auf die Stäbe gepreßt, die Perlen fädeln wir dazu auf Blumendraht auf.
Fleischfarbe bekommt man, wenn man Rot, Weiß und Gelb mischt – am besten auf einem kleinen Tellerchen. Ein bißchen probieren muß man schon.
Stellen Sie die Perlen dann in eine Flasche zum Trocknen. Jetzt kann das Gesicht aufgemalt werden. Ist auch das trocken, werden die Haare – Wollbüschel oder ein Stück Fell – aufgeklebt.
Etwa 1 Zentimeter unterhalb des Kopfes wird mit der Feile in den Rundstab eine kleine Rille gefeilt. Der Abstand ist später der Hals. In die Rille wird etwas Blumendraht gewickelt, der nach rechts und links gleich weit – 5 bis 6 Zentimeter – absteht. Unten an beide Enden je eine Schlaufe machen und die Handperlen auffädeln.
Nun geht es an das Gewand. Malen Sie auf die linke Seite eines Stücks Stoff oder Filz mit Schneiderkreide die auf S. 155 abgebildete Form – 40 Zentimeter lang und 20 Zentimeter breit.

Wir brauchen (je Handpuppe):
- **1 Holzkugel, ca. 6 cm Durchmesser, mit Loch von ca. 1,5 cm Durchmesser (Kopf)**
- **1 Rundholz von ca. 20 cm Länge, das in das Loch der Kugel paßt (beides gleichzeitig im Bastelladen kaufen!)**
- **2 Holzperlen von 1,5 bis 2 cm Durchmesser (Hände)**
- **25 cm Blumendraht (Arme)**

Für das Herausputzen der Puppenfamilie:
- **bunte Wollreste**
- **Stoffreste**
- **kleine Fellstücke**
- **Kartonstreifen, 20 x 10 cm**
- **Bänder**
- **Goldfolie, 20 x 10 cm**
- **Plakafarben – mindestens Weiß, Rot, Gelb, Blau, Schwarz**
- **Klarlack**
- **Pinsel**
- **Nadel**
- **Faden**
- **Schere**
- **Feile**
- **Schneiderkreide**

In die Mitte zeichnen Sie einen Kreis (so groß, daß der Kopf durchpaßt) und schneiden ihn aus. Dann schneiden Sie den aufgemalten Linien entlang das Gewand aus. Faltet man das Teil der Länge nach in der Mitte zusammen, fehlt nur noch an den Seiten je eine Naht. Die Armlöcher lassen Sie frei.
Nach Lust und Laune kann man dieses Gewand mit Knöpfen, Bändern, Litzen verzieren oder auch mit besonderen Kennzeichen (etwa Flicken beim Räuber) versehen.
Auf den Kartonstreifen kleben wir die Goldfolie und machen daraus zwei Kronen. Die eine klebt man dem König aufs Haupt, die Königin bekommt vorher noch einen Schleier um den Kopf, der nach hinten über das Kleid fällt. Einer Puppe wird vielleicht ein Bart angeklebt, der anderen eine Schleife ins Wollhaar gebunden. Und Kasperle kriegt eine Tüten-Mütze, an deren Ende bunte Bänder hängen. Der Seeräuber bekommt eine aufgemalte Augenklappe, die Hexe hat ein kariertes Kopftuch an.
Vielleicht sollte noch ein Tier, etwa ein Krokodil, auftreten. Das erfordert, ebenso wie für einen Wolf, einen Bär oder sonstige tierische Mitspieler, eine andere Technik.

Handspieltiere

202

Wir brauchen (je Spieltier):

- **1 alten Socken oder Kniestrumpf**
- **etwas Wolle**
- **1 Stück Filz**
- **2 Knöpfe**
- **20 weiße Perlen**

Fahren Sie mit der Hand in den Socken. Der Daumen kommt in die Ferse, die Finger dorthin, wo vorher die Zehen saßen. Bewegen Sie die Finger auf den Daumen zu: Da öffnet und schließt das Vieh schon sein Maul. Das wird nun dadurch noch besser markiert, daß Sie ein entsprechendes Oval aus rotem oder rosafarbenem Filz schneiden und in diesen „Rachen“ nähen. Soll man die „gefährlichen“ Zähne sehen, etwa beim Krokodil, so werden an die äußeren Ränder weiße Perlen genäht.

Die Augenknöpfe werden etwa an der Stelle aufgenäht, an der die mittleren Fingerglieder sitzen, wenn die Hand im Strumpf steckt. Probieren Sie aus, wie sich der Gesichtsausdruck des Tieres verändert, wenn Sie den Abstand der Knöpfe variieren.
Wenn Sie einen grünen Socken in ein Krokodil verwandelt haben, sind Sie jetzt fertig.
Soll aus einem sandfarbenen Socken ein Löwe entstehen, braucht der nun noch eine Mähne ums mächtige Maul, die wir aus ockerfarbener Wolle machen.
Ein Hund kriegt einen kleinen Flicken als Nase ins Gesicht. Der Katzen-Schnurrbart wird aus Garnfäden angenäht.
Handspieltiere eignen sich auch als „Ablenkungsmanöver" für unterwegs, indem man sie plötzlich aus der Tasche hervorzaubert.

203

Wir brauchen:
- **1 DIN-A3-Blatt**
- **Postkartenkarton (170 g)**
- **Farbstifte**
- **Buntpapier**
- **Goldfolie**
- **etwas Wolle**
- **Kreppapier in verschiedenen Farben**
- **1 Klebestift**
- **Schere**

Fingerpuppen

Aus dem Karton schneiden Sie für jede Fingerpuppe einen Kreis von ca. 8 Zentimeter Durchmesser. Dann schneiden Sie einen Sektor, etwa ein Drittel des Kreises, heraus und kleben aus dem Rest eine runde, spitze „Tüte" zusammen (siehe Zeichnung S. 157). Darauf malen Sie ein Gesicht. Um die runde Öffnung kleben Sie etwas Kreppapier, das die Kleidung oder den Körper andeuten soll.

Mit winzigen Unterschieden heben sich bestimmte Typen hervor: Ein paar Kreppapierkügelchen am Hut charakterisieren den Kasper, ein mit einer Augenbinde überklebtes Auge und ein angeklebter winziger Wollbart deuten an, daß es sich um den (See-) Räuber handelt.
Der Fingerpuppenkönig bekommt eine winzige Goldfolienkrone auf seine „Tüte". Der Großmutter wird eine Brille aus Papier angeklebt. Der Polizist trägt einen dunklen Rock mit ein paar glitzernden Knöpfen aus Buntpapier.

Marionetten

204

Wir brauchen (je Puppe):
- **1 Stück Stoff, mindestens 40 x 40 und höchstens 70 x 70 cm**
- **Watte**
- **Wolle**
- **2 Perlen**
- **Stickgarn in verschiedenen Farben**
- **Sticknadel**
- **Nylonschnur**
- **1 Leiste, 15 mm breit, 5 mm stark und 100 mm lang**
- **1 dünnen Handholzbohrer**

Formen Sie aus einigen Wattebäuschchen eine etwa tennisballgroße und zwei kleine, etwa walnußgroße Wattekugeln. Die große Wattekugel kommt in die Mitte des Tuches, das darumgeschlagen wird. Der Watteball wird als Kopf abgebunden. An zwei gegenüberliegenden Ecken werden nun die kleinen Wattekugeln eingebunden: die Hände. Mit den beiden Perlen die Augen andeuten, evtl. noch Mund, Nase, Augenbrauen aufsticken.

An jeder der drei abge-bundenen Wattekugeln wird ein Nylonfaden von etwa 50 Zentimeter Länge – bei kleineren Kindern kürzer, bei größeren etwas länger – angebracht. Nun wird die Führungsleiste hergestellt. Bohren Sie in die 100 Millimeter lange Leiste drei Löcher, je eines an den beiden Enden und eines in der Mitte. Durch die Löcher werden die Fäden gezogen und oben verknotet.
Und schon kann das Spiel beginnen, das noch relativ einfach ist, weil wir bei diesen Marionetten ja auf die Beine verzichtet haben.

Rollen-Spiele mit gekauften Spielfiguren

Im Rollen-Spiel können soziale Kontakte geknüpft und vor allem kann auch Verständnis für andere Menschen geweckt werden. Die Kinder üben, sich in andere Rollen zu versetzen, andere Standpunkte einzunehmen. Mit solchen Spielen wachsen sie schneller aus der „egozentrischen“ Phase heraus. Darüber hinaus empfinden sie den großen Einfluß, den sie selbst auf den Handlungsablauf haben, als erleichternd, weil ja diese Macht die täglich immer wieder erfahrene Ohnmacht ein wenig ausgleicht, das Spiel also entlasten kann.

Es gibt viele Figuren zu kaufen, die für Rollen-Spiele nach den Bedürfnissen der Kinder entwickelt wurden. Die bekanntesten und verbreitetsten sind die von Playmobil. Sie eignen sich hervorragend für unzählige Rollen-Spiele.
Da gibt es Bauleute mit Baufahrzeugen, Farmer mit Rinderherden und Pferden, Ärzte, Sanitäter mit Krankenwagen, Eisenbahn mit Personal und Reisenden, Piraten, die auf Beute aus sind, Clowns und andere Zirkusleute, Ritter, die mit Schwert, Schild und Lanze daherkommen.
Beliebt sind auch die Figuren von Lego und Duplo, welche die entsprechenden Bausysteme ergänzen und beleben. Für jede Altersstufe gibt es die passenden.
Bestechend sind etwa die Lebenswelten, die zum Legosystem gehören, wie das Burgthema, die Raumfahrer- oder die Piratenwelt, in der es Gouverneure und den Käpt'n Rogers gibt. In der Stadt können Kinder mit Gangstern, Polizisten und Feuerwehrleuten spielen. Es gibt die Familie mit Oma und Opa, und „Menschen aus aller Welt“ enthält zwölf Puppen verschiedener Hautfarbe und Nation.
Bei Duplo geht es im Zoo mit den Tierkindern tierisch, aber mit Hubschrauber, Rennautos und Zügen auch technisch zu. Sie alle geben Stoff ab für unzählige Geschichten.
Auch zu vielen anderen Spielzeugen gibt es Spielfiguren, die sich für Rollen-Spiele eignen, etwa die von Fisher-Price, wo sich das Garagen-Spiel seit langer Zeit als Dauerhit hält; ebenso sind Zirkuszug und Jahrmarkt sehr beliebt.
Auch mit solchen Spielfiguren macht das Spielen meist mehr Spaß, wenn man mit dem Freund oder der Freundin zusammen spielen kann.
Diese Spiele sind vielleicht nicht so anregend für die Phantasie, wie wenn die Kinder verkleidet in ausgedachte Rollen schlüpfen oder mit Hand- und Fingerpuppen oder mit Marionetten die Phantasie auf Reisen schicken.

Doch man sollte da die Kinder nicht unterschätzen. Sie gehen mit den vorgefertigten Rollenfiguren souverän um. Da werden Lokomotivführer in ein Boot gesetzt, Krankenschwestern müssen Bagger fahren, oder Ritter erholen sich in einer modernen Klinik von ihren Blessuren.
Kinder mit Phantasie lassen sich da selten irritieren. Welche Art Rollen-Spiel Ihr Kind auch mag, jedes wird sich positiv auf seine Entwicklung auswirken.
Keinesfalls sollten Sie erschrecken, wenn Ihre Kinder ihre Figuren gewalttätige Szenen spielen lassen. Kinder wissen, daß es ein Spiel ist. Klare Grenzen gilt es nur der tatsächlichen Aggression unter den Kindern zu setzen.
Rollen-Spiele fördern wie kaum andere das sprachliche Ausdrucksvermögen der Kinder.
Im Spiel mit Hand- und Fingerpuppen und Marionetten sowie mit den unterschiedlichsten Spielfiguren wird schließlich auch noch die Handgeschicklichkeit geübt.
In dieser Altersstufe und lange über sie hinaus sind und bleiben Rollen-Spiele die wichtigsten Spiele überhaupt.

12
1
11
10
6

Im sechsten Jahr

Spielen und Lernen an der Schwelle zur Schulzeit 162

Spiele in und mit der Zeit 165

Wett-Spiele 172

Soll man Kinder gezielt auf die Schule vorbereiten? 185

Spielen und Lernen an der Schwelle zur Schulzeit

Bei einem Fünfjährigen ist es vorbei mit dem tiefen Versunkensein ins Spiel, vorbei mit dem geradezu bewundernswerten Leben im Hier und Jetzt. Das Fünfjährige ist fasziniert vom Fluß der Zeit.

Ein vierjähriges Mädchen fragte mich einmal am frühen Morgen: „Was hast du heute abend zu Mittag gegessen?" Einem fünfjährigen Kind kann so etwas kaum noch passieren. Es weiß schon die Tageszeiten zu unterscheiden, weiß, welche Zeit jetzt gerade ist, welche schon verstrichen ist und welche noch kommen wird.

Wochentage, Monatsnamen, Jahreszeiten – alles das interessiert jetzt sehr, alles, was mit Zeit zu tun hat: der Kalender wie die Uhr. Ein Fünfjähriges fragte mich einmal: „Sag mal, morgen ist doch heute gestern, nicht?"

Fünfjährige zeigen sich von der Zeit fasziniert.

Glücklich macht man so manches Kind in diesem Alter, wenn man ihm einen Wecker schenkt. Am Ende dieses Jahres können die meisten schon so in etwa die Uhr lesen. Es ist, als ahnte das Kind, daß die Zeit – wir Erwachsenen sagen: leider! – vom Schulbeginn an eine zunehmend wichtige Rolle spielen wird.

Weil das Kind nun nicht mehr nur in der Gegenwart lebt, sondern auch an die Zukunft denken kann, verhält es sich auch beim Spiel planvoller. Es malt zum Beispiel nicht irgend etwas. Es weiß vorher, was es malen will. Es hat eine genaue Vorstellung davon und ist unglücklich darüber, wenn das Ergebnis mit dem Bild im Kopf nachher wenig übereinstimmt: „Ich will ein Flugzeug malen, wie geht das?" fragt es dann vielleicht hilfesuchend seine Eltern.

Das Fünfjährige macht sich Pläne für sein Tun.
Das vierjährige Kind malte oft noch einfach drauflos. Vielleicht sah das, was dann dabei herauskam, wie ein Auto aus. Dann freute es sich über sein Werk, malte aber unbekümmert später Flügel daran und war begeistert, daß es ein Flugzeug geworden war. Dem Vierjährigen ist meist noch vor allem das Mal*erlebnis* wichtig, das Fünfjährige will immer öfter ein bestimmtes Mal*ergebnis*.

Es kommt immer häufiger vor, daß Pläne geschmiedet und Ziele abgesteckt werden. Das fünfjährige Kind tut das, ohne daß es dazu angeleitet wird, ganz von sich aus.

Wenn das Kind mit anderen zusammen spielt, kommt nun auch immer häufiger der bewußte Wille auf, sich mit dem anderen zu messen. Wett-Spiele werden darum nun spannend. Das Gute daran: Es will gewinnen. Es hat aber gleichzeitig noch so viel Freude auch am Spiel selbst, daß ein Verlieren es meist noch nicht aus der Fassung bringt. Das beginnt bei der Mehrzahl der Kinder erst um den siebten Geburtstag herum.
Ein Spiel planen zu wollen, das heißt auch, sich an bestimmte Regeln halten zu können. Regel-Spiele werden deshalb interessant, jedenfalls solange die Regeln einfach sind. Das Fünfjährige hält sich dann selbst, so gut es kann, an die Regeln – und achtet auch streng darauf, daß sich alle anderen daran halten. Nichts macht es so wütend, wie wenn einer schummelt!
Ein oder zwei Jahre später wird es den Spaß am Mogeln schon selbst entdecken.

Wett- und Regel-Spiele werden interessant.

Angefangenes vollenden lassen!

Für Fünfjährige ist es noch schlimmer als vorher schon, wenn sie die Teile eines angefangenen Puzzles wieder zusammenschieben müssen, bloß weil abends alles wieder aufgeräumt werden muß. Es hat zwar Spaß gemacht, zu puzzlen oder zu bauen, aber durch ein solches Ende wird alles verdorben! Denn wichtig ist für Fünfjährige das Erreichen der selbstgesetzten Ziele.
Es ist schon schlimm genug, wenn das Ziel aus Zeitmangel nicht mehr am selben Tag erreicht werden kann! Wird aber alles wieder zerstört, bleibt ein bitteres und unerträgliches Gefühl des Versagthabens. Passiert das oft, schwinden die Freude an solchen Aktivitäten und das Selbstbewußtsein.
Wenn Sie es fertigbringen, alles so zu lassen, wie es ist, kann das Kind damit leben, weil ja die Aussicht bleibt, den Plan morgen zu verwirklichen.
Helfen Sie dem Kind schon im Vorfeld, seine Zeit einzuteilen. Wenn es spät damit beginnt, ein schwieriges Puzzle zu legen, machen Sie es darauf aufmerksam, daß es das heute nicht mehr fertig bekommt. Und eröffnen Sie ihm die Möglichkeit: „Du kannst es ja morgen zu Ende bringen."

Bei schwierigen Puzzles sollte man dem Kind helfen, um ihm das Gefühl des Versagens zu nehmen.

Im sechsten Lebensjahr können Stürme losbrechen. Das Kind wirkt unbeherrscht, es kann keinerlei Kritik vertragen, ist auffallend wehleidig, will plötzlich nicht mehr im Dunkeln allein schlafen, ist mal reizbar, dann wieder ganz sanft und anschmiegsam.
Viele Kinder wirken launisch, unsicher, ängstlich. Aber das dauert meist nur kurze Zeit. Am leichtesten überstehen alle Beteiligten diese Periode, wenn die Eltern gelassen bleiben und die Sache als das natürliche Ereignis hinnehmen, das es ja tatsächlich auch ist.
Das sechste Lebensjahr ist – äußeres Zeichen: der Zahnwechsel – eine Zeit des Umbruchs. Wenn Eltern wissen, daß diese Phase schnell vergeht, können sie auch ruhiger damit umgehen. Und genau das hilft dem Kind, bald zu sich selbst zurückzufinden.
Das Kind spürt und akzeptiert dann auch, daß es nun in ein Alter kommt, in dem Arbeit und Pflicht neben das Spiel treten: in das Schulalter.

Der Zahnwechsel ist äußeres Zeichen auch starker innerer Umbrüche.

Spiele in und mit der Zeit

Bilderbuch-Kalender 205

Auch wenn ein Kind noch keine Zahlen lesen kann, so kann es doch schon mit einem schönen Bilderbuch-Monatskalender den Fluß der Zeit beobachten. Der hängt in seinem Zimmer oder in seiner Spielecke an der Wand. Es erlebt, daß es in bestimmten Abständen ein Blatt abreißen darf, und es erfährt, daß dann jedesmal ein Monat vergangen ist. Das ist eine wichtige Erfahrung. Erklären Sie Ihrem Kind: „Das ist das Oktoberbild, und jetzt kommt das Bild vom November."
Im Januar war das Bild mit der Rodelbahn, im Juli ist das mit dem Schwimmbad dran.

Heben Sie die abgerissenen Bilder auf. Sie können sie immer einmal wieder – ähnlich wie ein Bilderbuch – zusammen mit dem Kind anschauen.

206

Wir brauchen:
- **12 Postkartenkartons DIN A3**
- **12 Malblätter DIN A4**
- **Farben**
- **Filzschreiber**

Tip:
Im Schreibwarenhandel findet man etwa von Oktober an auch vorgefertigte Bastel-Kalender: Für jeden Monat ist ein Platz zum Einkleben eines Bildes freigehalten, daneben ist das Kalendarium für das kommende Jahr eingedruckt.

Bastel-Kalender

Wenn Sie mit Ihrem Kind jeden Monat ein Blatt vom Kalender an der Wand abreißen, überlegen Sie gemeinsam, was im vergangenen Monat besonders schön war. Vielleicht hat Ihr Kind Lust, das auf einem Bild festzuhalten? Geben Sie ihm dazu Farben und jeweils ein Malblatt im Format DIN A4.

Gemeinsam schreiben Sie später – mit Filzschreiber schön groß – den Monat darauf. Nur im Dezember können Sie nicht warten, bis Sie gemeinsam das Dezemberblatt vom Kalender abreißen, wenn der neue Kalender ein Weihnachtsgeschenk werden soll; also muß das Dezemberbild schon eine Weile vorher entstehen.

Sie kleben die Blätter gemeinsam jeweils auf einen großen Bogen, auf den neben das Bild noch ein selbstgeschriebenes Kalendarium paßt. Ein herrliches Weihnachtsgeschenk für liebe Freunde oder die Großeltern! Und gewiß wird Ihr Kind stolz sein auf dieses Werk.

207

Wir brauchen:
- **Kartonreste (Druckerei, Buchbinderei)**
- **Schere**
- **1 schwarzen Filzstift**
- **Ziffernblattvorlage (siehe Zeichnung)**

Uhren-Domino

Kopieren Sie die Ziffernblattvorlagen aus unserer Zeichnung einige Male mit dem Fotokopierer, schneiden Sie die Kopien aus, und kleben Sie sie auf ein DIN-A4-Blatt. Davon ziehen Sie nochmals mehrere Kopien. Jetzt haben Sie genügend Ziffernblattvorlagen für unser Uhren-Domino. Schneiden Sie aus den Kartonresten 36 rechteckige Domino-Karten in der Größe 3,5 mal 7 Zentimeter.

Bevor Sie die kopierten Ziffernblätter ausschneiden, malen Sie mit dem Filzstift in jeweils sechs davon die gleiche Uhrzeit – nur volle Stunden!
Dann schneiden Sie die Ziffernblätter aus und kleben sie auf die Domino-Kärtchen, jede Uhrzeit dreimal auf rechten und dreimal auf linken Feldern. Dabei darauf achten, daß nie zwei gleiche Uhrzeiten nebeneinander auf einer Domino-Karte erscheinen.
Am besten spielen Sie das Uhren-Domino zunächst mit dem Kind allein, bis es die vollen Zeiten richtig erkennt.

Das Uhren-Domino wird zunächst nur mit vollen Stunden gespielt, später kommen auch halbe und Viertelstunden dazu.

Verteilen Sie die Domino-Karten, und legen Sie die erste aus. Ihr Kind soll nun aus seinem Stapel eine Karte heraussuchen, die dieselbe Uhrzeit zeigt wie eine der beiden auf der ausgelegten Domino-Karte, und diese anlegen. Wenn das Kind es noch nicht kann, benennen Sie jeweils die Uhrzeit, die angelegt werden soll: „Ja, das ist neun Uhr, und das ist elf. Hast du eine Karte, die rechts oder links paßt?" Oder: „Jetzt liegt hier die Karte mit der Uhr, die drei Uhr zeigt. Mal sehen, ob ich eine Drei-Uhr-Karte habe." Beherrscht das Kind die vollen Stunden, spielen Sie das Domino nach normalen Regeln mit mehreren Spielern. Später ergänzen Sie das Domino-Spiel mit Karten, die auch halbe und Viertelstunden zeigen.

208

Wir brauchen:
- **1 Stück Karton, etwa 30 x 25 cm**
- **1 großen Teller mit glattem Rand**
- **1 dicken schwarzen Filzstift ohne Lösemittel (oder Letraset-Abreibeziffern aus dem Grafikbedarf, mindestens 4 cm hoch – diese sind nicht ganz billig)**
- **1 Musterbeutelklammer**
- **Schere**

Spieluhr

Eine Spieluhr braucht jedes Kind. Im Kindergarten, wo „Generationen" von Kindern mit der Spieluhr spielen wollen, sollte sie aus stabilem Holz sein. Für den Hausgebrauch genügt eine selbstgemachte aus Pappe.
Legen Sie auf den Karton – so daß noch ein Stück für die Zeiger übrigbleibt – einen Teller mit geradem Rand, malen Sie darum herum einen Kreis. Schneiden Sie ihn aus. Malen Sie an den Rand des Kreises die Zahlen 1 bis 12, zuerst oben die 12, dann unten genau gegenüber die 6, dann links in die Mitte die 9 und gegenüber die 3, dann gleichmäßig dazwischen die anderen Ziffern.
Schneiden Sie aus dem Rest des Kartons zwei Zeiger aus, einen etwas kürzer als den anderen. Piksen Sie in den Mittelpunkt des Kreises ein kleines Loch hinein, und tun Sie das gleiche bei den beiden Zeigern. Befestigen Sie diese nun auf der Kartonuhr mit einer Musterbeutelklammer. Die Zeiger müssen locker genug sitzen, daß sie sich verstellen lassen, aber fest genug, daß die Zeit „stehen bleibt".

Planvolle Spiele

Ein Kind, das bereits ein Zeitgefühl entwickelt hat und mit dem Zeitbegriff umgehen kann, plant gerne seine Spiele oder bestimmte Aktionen, an denen mehrere teilnehmen. So kann es auch schon etwas Verantwortung übernehmen oder gar „der Bestimmer" sein, zum Beispiel beim „Städtebau" (mehrere Kinder lassen gemeinsam eine Stadt entstehen). Unterstützen Sie Ihr Kind, und planen Sie mit ihm Aktionen wie
- *ein Zelt im Garten aufstellen,*
- *ein Picknick organisieren,*
- *ein Baumhaus bauen,*
- *ein Theaterstück aufführen (Zimmertheater).*

Sonnenuhr

Wir füllen den Blumentopf mit Sand und stellen den Rundstab hinein; den Topf stellen wir draußen auf eine glatte Fläche, die den ganzen Tag von der Sonne beschienen wird. So sieht man den Stabschatten während des Tages rund um den Topf wandern.
Beginnen Sie ab morgens punkt acht Uhr, jeweils zur vollen Stunde die Stelle, auf die der Stabschatten zeigt, mit einem Kreidestrich zu markieren (oder mit einem Stöckchen in den Boden zu ritzen). Schreiben oder ritzen Sie auch die Uhrzeit daneben, und wiederholen Sie dies zu jeder vollen Stunde, bis abends um acht Uhr. Man kann auch schöne, von Ihrem Kind gesammelte Steine hinlegen und die Ziffern daraufschreiben.
Falls Sie zwischendurch länger als eine Stunde wegmüssen, brauchen Sie einen Vertreter. Am nächsten Tag kann Ihr Kind die Zeit schon von der Sonnenuhr ablesen.

209

Wir brauchen:

- **1 Rundstab aus Holz von ca. 50 cm Länge und ca. 1,5 cm Durchmesser**
- **1 Blumentopf**
- **Sand**
- **Kreide**

210

Wetter-Kalender

Wir brauchen:
- **DIN-A4-Blätter**
- **Zeichnung von S. 171**
- **Wachsmalstifte in Grau, Blau, Weiß, Gelb, Rot**

Wenn Ihr Kind sich gerade verstärkt für das Wetter interessiert, macht ihm ein Wetter-Kalender sicher viel Spaß. Kopieren Sie die Zeichnung von S. 171 siebenmal. Schneiden Sie die sieben Kopien aus, und kleben Sie sie auf ein DIN-A4-Blatt übereinander, so daß Sie für jeden Tag drei Sonnen und für die Woche sieben Tage auf dem Blatt haben. Schreiben Sie links neben die einzelnen Sonnenzeilen „MO“, „DI“, „MI“ usw.
Von diesem Blatt machen wir erst mal einige Kopien – denn wer weiß, wie lange die Wetterbeobachtung interessant bleiben wird.

Mit dem Kind das Wetter beobachten

Wenn Sie mit Ihrem Kind einen Wetter-Kalender gebastelt haben (siehe Nr. 210), beginnen Sie am nächsten Tag am besten gleich nach dem Aufstehen mit den Beobachtungen: Es ist grau – ganz wolkenverhangen. Das Kind übermalt die erste Sonne mit einer dunklen grauen Wolke.
Mittags ist die Bewölkung aufgerissen, Wolken jagen über den Himmel, ab und zu lassen sie die Sonne durchgucken. Das Kind malt eine Wolke, hinter der die Sonne ein wenig hervorguckt. Abends regnet es dann Bindfäden. Da malen wir eine Wolke, aus der es nur so herausregnet.
Der Dienstag beginnt mit strahlender Sonne am blauen Himmel, usw.
Das können Sie zusammen mit dem Kind die ganze Woche und, wenn es mag, noch länger fortsetzen.
Vielleicht bekommt Ihr Kind Lust, das Wetter ganz allein zu registrieren. Die Wochentage prägen sich ganz nebenbei ein. Und das Kind wird vertraut mit meteorologischen Veränderungen. Sicher wird es seinen Wetterdienst sehr wichtig finden.
Sie können ja Großeltern, Nachbarn oder Besuch einmal fragen: „Wißt ihr noch, wie am letzten Dienstag das Wetter war?“ Kaum jemand wird das auf Anhieb genau wissen. Dann kann Ihr Kind seinen Wetter-Kalender vorzeigen, und alle werden staunen!

Kopiervorlage
(siehe „Wetter-Kalender“)

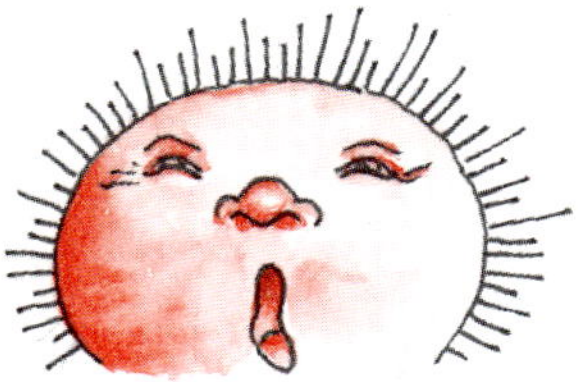

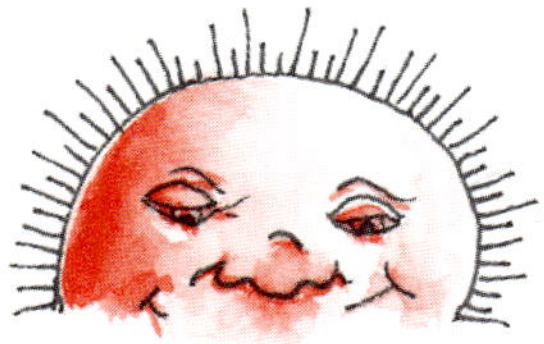

Wett-Spiele

Es geht bei den Wett-Spielen darum, den erwachten Wetteifer auszuprobieren und zu lernen, damit umzugehen, daß immer nur einer gewinnen kann. Die zweiten, dritten usw. erhalten darum auch schöne kleine Preise.

211

Wir brauchen:

- **Kassettenrekorder**
- **Kassette mit rhythmischer Musik**
- **mindestens 2 ausgeblasene Eier**
- **mindestens 2 Eßlöffel**

Eiertanz

Der Eiertanz ist ein verschärftes Eierlaufen.
Im Zimmer liegt das Ziel an der gegenüberliegenden Wand. Im Freien können es ohne weiteres 10 oder sogar 15 Meter bis dahin sein.
Jeweils zwei Wettkämpfer treten an. Aus dem Kassettenrekorder ertönt möglichst rhythmische Musik. Die Eiertänzer balancieren ein ausgeblasenes Ei auf dem Eßlöffel und müssen im Takt zur Musik hüpfen und sich mindestens siebenmal drehen, ehe sie Ei und Löffel am vereinbarten Ziel ablegen dürfen.
Mit vielen Kindern macht das Ganze auch als Stafette großen Spaß.

212

Wir brauchen (je Stelzenpaar):

- **2 Konservendosen**
- **2 feste Kordelstücke von 1,20 m Länge**
- **1 Hammer**
- **1 Nagel in der Dicke der Kordelstücke**

Dosenstelzen-Rennen

Sind im Haushalt und auch in der Nachbarschaft keine Stelzen aus Holz aufzutreiben, basteln wir uns welche.
Die Konservendosen werden zunächst mit dem Hammer so bearbeitet, daß an der offenen Seite nichts Scharfes mehr hervorragt. Dann schlagen wir mit Hammer und Nagel in den Rand direkt am Boden zwei Löcher, die sich gegenüberliegen. Die beiden Enden der Kordel werden durch die Löcher gezogen und in der Dose verknotet.
Je zwei Mitspieler bekommen nun jeder ein Paar Stelzen. Die Füße stehen auf den Dosen, mit den Händen halten die Stelzenläufer die Kordel fest. Und los geht das Rennen.

Hahnenkampf

213

Jeweils zwei Wettkämpfer treten gegeneinander an. Sie sollen die Arme auf der Brust verschränken und auf einem Bein hüpfen. So versucht jeder, den anderen zu rammen und aus dem Gleichgewicht zu bringen. Wer mit dem zweiten Bein auch nur auf den Boden tippt, hat verloren.

Hinkepaar

214

Wir brauchen:
- **1 Schal**

Ein Spiel, das mit vielen Kindern großen Spaß macht.

Zwei Paare treten gegeneinander an. Jeweils zwei Mitspieler bilden ein Paar: Das rechte Bein des einen wird mit einem Schal an das linke Bein des anderen gebunden. Die Paare müssen die freien Beine anziehen und die Arme auf der Brust verschränken. Auf den zusammengebundenen Beinen hüpfend, müssen sie dann versuchen, das gegnerische Paar zu rammen und aus dem Gleichgewicht zu bringen. Wer mit dem zweiten Bein auch nur auf den Boden tippt, hat verloren.

215

Ein Spiel, das auf einer warmen Sommerwiese besonderen Spaß macht.

Purzelbaum-Rennen

Sie legen Start und Ziel fest. Am besten bilden die Kinder wieder Paare, die gegeneinander antreten. Auf die Plätze! Fertig! Los! Jeder versucht, purzelbaumschlagend als erster am Ziel zu sein.
Auch Stafetten-Purzelbaum macht großen Spaß.

216

Wir brauchen:

- **20 leere Konservendosen (man kann sie auch im Haushaltswarengeschäft kaufen)**
- **mindestens 1 Fahrrad (möglichst mit Damenrahmen, weil man davon besser abspringen kann)**

Fahrrad-Slalom

Für dieses Spiel suchen Sie einen asphaltierten Platz, der nicht von Autos zugeparkt ist (zum Beispiel Schulhof), oder einen Hof mit festem Lehmboden.
Mit den Konservendosen wird eine Slalomstrecke aufgebaut: mal mit weiteren, mal mit engeren Kurven.
Jeder darf mit dem Rad die Strecke abfahren. Jedes Tor muß genommen werden. Wer eins ausläßt oder eine Dose verschiebt, scheidet aus.
Nach der ersten Runde werden die Tore etwas enger gemacht, und die Sieger der ersten Runde werden erneut auf den Parcours geschickt – bis ein Sieger übriggeblieben ist.

Schwapp-Staffel

217

Wir brauchen:
- **2 Sandeimerchen**
- **1 wasserfesten Filzstift**
- **2 leere Joghurtbecher**

In den Sandeimerchen wird etwa 5 Zentimeter unterhalb des Randes mit dem Filzstift eine Linie gezogen.
Im knöchel- oder knietiefen Wasser werden Start/Ziel und Wendemarke festgelegt.
Die Kinder treten in zwei Mannschaften an.
Die Läufer jeder Mannschaft stellen sich am Start/Ziel hintereinander auf. Der erste bekommt ein Sandeimerchen, bis zum Rand mit Wasser gefüllt. Die Läufer müssen, den Eimer in der Hand, bis zur Wendemarke, um die Wendemarke herum und wieder zurück zum Start/Ziel rennen, wo sie ihren Eimer an den zweiten Läufer ihrer Staffel übergeben.
Mit Argusaugen wacht neben jedem neuen Starter ein Schiedsrichter über den Wasserstand: Ist im Eimerchen der Wasserstand unter die markierte Linie gesunken, darf der neue Läufer erst starten, wenn er Wasser nachgefüllt hat. Dazu hält jeder Schiedsrichter neben seiner Staffel einen Becher bereit.
So geht das weiter, bis alle Läufer zurück sind.

Dieses Spiel ist an flachen Baggerseeufern oder am Meeresstrand zu spielen.

Feuerwehr

218

Wir brauchen:
- **1 große Plastikwanne mit Wasser**
- **Bademützen in der Anzahl der Kinder**

Wir markieren einen Kreis mit etwa 6 Meter Durchmesser. Darum herum muß noch viel Platz übrig sein. Alle Kinder tragen Badekleidung, sie stellen sich am Rand des Kreises auf. In der Kreismitte steht die Plastikwanne, die mit Wasser gefüllt ist.
Auf ein Kommando rennen alle zur Schüssel, füllen ihre Mützen voll Wasser, laufen aus dem Kreis und versuchen dort, einen anderen zu jagen, um ihm ihr Wasser über den Rücken zu schütten.
Wer sein Wasser danebenschüttet, darf sich erneut Wasser holen. Wer begossen wurde, scheidet aus. Die anderen setzen ihre Löschversuche fort, bis nur einer übrig ist: der Feuerwehrhauptmann!

Dieses Spiel wird am Strand, am Ufer oder bei viel Platz im Garten gespielt.

219

Ballonhatz

Wir brauchen:
- **Luftballons**
- **Bindfaden**

Ein Schwimmer bindet sich einen Ballon auf den Rücken. Er kriegt einen kurzen Vorsprung. Die anderen jagen ihn. Wem es gelingt, den Luftballon zum Platzen zu bringen, der wird der „Ausreißer“ der nächsten Runde.

220

Zapfenstreich

Wir brauchen:
- **1 großes Eiertablett (vom Markt oder Supermarkt)**
- **2 Tauchringe (je Mitspieler)**
- **4 Stöcke von ca. 30 cm Länge, 2 bis 3 cm dick**

In jede Ecke des Eiertabletts steckt man einen der vier Stöcke hinein – fertig ist unsere Zapfenboje. Die Boje schwimmt in 2, 3 Meter Entfernung vom Rand auf dem Wasser. Jeder Mitspieler bekommt zwei Tauchringe und muß nun versuchen, sie so zu werfen, daß sie an den Zapfen hängenbleiben.
Wem das nicht gelingt, der scheidet aus.
Die anderen kämpfen weiter, bis der Sieger übrigbleibt.

Sitz-Fußball

221

Zwei Mannschaften treten gegeneinander an. Jede hat mindestens vier Mitspieler. Jede baut sich, etwa aus zwei Schuhen, ein Tor. Einen Torwart gibt es nicht. Bewegen dürfen sich die Spieler nur auf allen vieren, und geschossen werden darf nur im Sitzen. Niemand darf den Ball mit der Hand berühren. Wer schießt unter diesen Bedingungen in einer vorher vereinbarten Zeit die meisten Tore?

Ein Spiel für mindestens 8 Kinder; auf einer Wiese oder am Strand zu spielen.

Hasen-Jagd

222

Auf dem Boden wird eine Kreislinie (Kreisdurchmesser ca. 6 Meter) markiert – auf Asphalt mit Kreide, auf der Wiese mit ein paar Ästen o.ä., am Strand wird der Kreis mit einem Stöckchen in den Sand geritzt.
Es gibt zwei Parteien, die Jäger und die Hasen. Die Jäger stehen auf der markierten Kreislinie, die Hasen tummeln sich im Kreis.
Die Jäger werfen sich den Ball zu – bis einer ohne Vorwarnung versucht, einen Hasen zu treffen. Die Hasen können den Ball mit der Faust abwehren. Wer getroffen wurde, scheidet aus. Haben die Jäger innerhalb der vereinbarten Zeit mehr als die Hälfte der Hasen „erlegt", sind sie Sieger. Sonst haben die Hasen gewonnen.
Bei der neuen Runde werden die Rollen getauscht.

Wir brauchen:
- **1 Ball**
- **Kreide**

Das Spiel dauert 5 Minuten. Der Schiedsrichter stoppt die Zeit.

223

Hüpf-Männchen

Wir brauchen:
- **1 Stück Kreide**

Das Hüpf-Männchen (siehe Zeichnung) wird in den Sand gekratzt oder aufs Pflaster gemalt. Die kleinsten Felder müssen dabei so groß sein, daß die Kinder gut mit beiden Füßen hineinpassen.

Gehüpft wird den Zahlen entsprechend. Ist die Zahl doppelt vorhanden, wie zum Beispiel bei den Schuhen, heißt das, daß die Kinder gleichzeitig mit dem rechten Bein in das rechte und mit dem linken Bein in das linke dieser Kästchen hineinspringen müssen. Ist die Zahl nur einmal vorhanden, heißt das, daß die Kinder in dieses Kästchen mit beiden Beinen hineinspringen.

Wer einen Fehler macht oder wer auf den Rand eines Feldes hüpft, scheidet aus. Wer es fehlerlos schafft, darf noch eine Runde weitermachen, bis ein Sieger übrigbleibt.

Die Woche

224

Wir brauchen:
- **1 Stück Kreide**
- **1 Steinchen**

Sieben Kästchen werden in Kreuzform aufgezeichnet. Das erste ist der Montag, das zweite der Dienstag, das dritte der Mittwoch und das vierte der Sonntag. Links des Sonntagfeldes steht der Donnerstag und rechts der Freitag. Das letzte obere Feld ist der Samstag. Zuerst wird ein Steinchen in das Montagsfeld geworfen, und die übrigen Wochentage werden abgehüpft. In das Donnerstags- und Freitagsfeld wird gleichzeitig gehüpft. Beim Samstag wird umgedreht. Im Sonntagsfeld dürfen die Kinder mit beiden Beinen stehen und ausruhen. Dann wird zurückgehüpft und das Steinchen aufgehoben. Bei der nächsten Runde wird das Steinchen in den Dienstag geworfen. So geht es Runde für Runde weiter. Das Feld, wo das Steinchen liegt, wird jeweils übersprungen. Gewonnen hat der, der zuerst alle Wochentage durchhüpft hat.

Geschiebe

225

Wir brauchen:
- **1 Stück Kreide**
- **1 Kieselstein**

Die einfache Hüpffigur (siehe Zeichnung unten) wird in den Sand gekratzt oder aufs Pflaster gemalt. Die Felder sollten etwa 50 mal 50 Zentimeter groß sein.
Der erste Mitspieler wirft einen Kieselstein ins Feld 1, hüpft auf dem rechten Bein nach und muß den Stein nun jeweils mit nur einem Anstoß mit dem rechten Fuß ins nächste Feld schieben. Wer es nicht schafft, scheidet aus. In Feld 5 darf man sich ein wenig ausruhen. Die Erfolgreichen machen weiter, bis nur noch einer übrig ist.

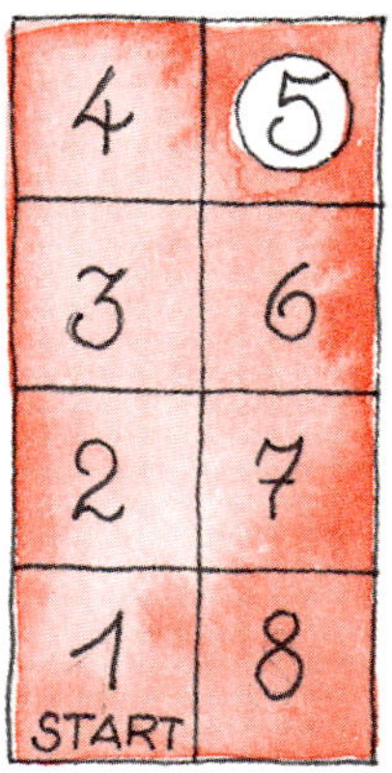

226

Wir brauchen:
• 1 Springseil

Kreis-Seilspringen

Alle Mitspieler stellen sich im Kreis auf. Einer steht mit dem Springseil in der Mitte und läßt das Seil langsam im Uhrzeigersinn um sich kreisen, indem er sich um sich selbst dreht. Die im Kreis Stehenden müssen über das Seil springen. Wer das Seil berührt, scheidet aus.
Wer bis zuletzt übrigbleibt, ist Sieger dieses Spiels. Sollten über einen längeren Zeitraum aber immer alle fehlerlos über das Seil kommen, muß man dieses schneller oder höher kreisen lassen.

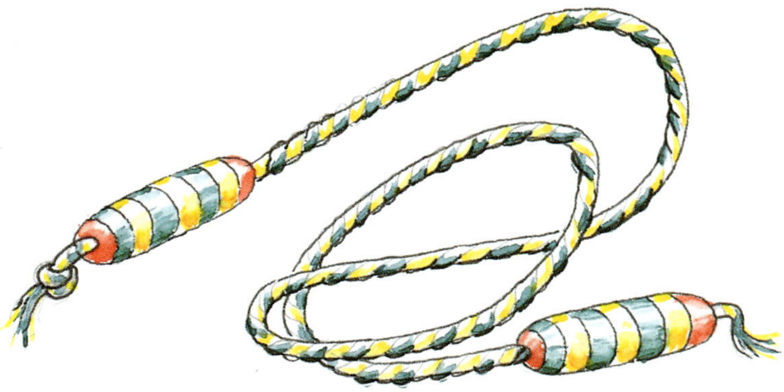

227

Wir brauchen:
• Kreide

Für dieses Spiel braucht man viel Platz.

Chinesische Mauer

Zuerst wird ein 20 mal 20 Meter großes Spielfeld dargestellt: Auf Asphalt mit Kreide, auf der Wiese mit ein paar Ästen und Zweigen, am Strand wird das Spielfeld mit einem Stock in den Sand geritzt.
Statt einer Mittellinie wird in der Mitte ein 2 Meter breiter Streifen markiert. Der stellt die Chinesische Mauer dar. Einer bewacht sie. Alle anderen Mitspieler versammeln sich auf einer der Spielfeldseiten.
Auf Kommando des Mauerwächters laufen die anderen los. Sie versuchen, die Mauer zu überwinden, ohne vom Wächter gefangen zu werden. Das Spielfeld dürfen sie nicht verlassen. Wird einer gefangen, wird er Mauerwächtergehilfe. Der Mauerwächter und seine Gehilfen dürfen

die Mauer nicht verlassen. Wer die Mauer einmal überwunden hat, ist für diese Runde sicher. Niemand darf aber in der Ausgangsspielhälfte stehenbleiben.
Zögert ein Mitspieler zu lange, wird er vom Mauerwächter angerufen. Zögert er dann noch länger, als der Mauerwächter benötigt, um laut von 20 bis 50 zu zählen, gilt er ebenfalls als gefangen.
Gefangen ist auch, wer das Spielfeld verläßt.
Der Wächter bekommt im Laufe des Spiels immer mehr Gehilfen. Wer rettet sich am längsten vor ihnen? Der wird Mauerwächter der nächsten Runde.

Geräusche raten

228

Wir brauchen:
- **1 Kassettenrekorder**
- **1 Kassette mit verschiedenen Geräuschen, die man selber aufnehmen oder kaufen kann**

Alle sitzen um den Kassettenrekorder herum. Sie spielen ein Stück des Bandes mit einem oder mehreren Geräuschen vor (Bestellung: Happy Records, Oederweg 26, 60138 Frankfurt). Wer als erster ein Geräusch richtig benennt, bekommt eine kleine Belohnung, eine Erdnuß zum Beispiel, ein Gummibärchen aus dem Reformhaus oder ein Stück Apfel. Wer sich irrt, muß ein Pfand abgeben.

229

Tast-Kim

Wir brauchen:
- **1 Bleistiftanspitzer**
- **1 Büroklammer**
- **1 Münze**
- **1 Taschenkamm**
- **1 Schlüssel**
- **1 Seidenblume**
- **1 Wäscheklammer**
- **1 Zahnbürste u. a. m.**
- **Augenbinden in der Anzahl der Kinder**

Die Gegenstände sind in einer Schachtel verborgen. Damit alle die gleiche Chance haben, bekommen alle die Augen verbunden. Geben Sie nun dem ersten Kind einen der kleinen Gegenstände in die rechte Hand. Kann es erfühlen, ertasten, was das für ein Gegenstand ist? Seine Lösung flüstert es Ihnen ins Ohr, damit die anderen Kinder keine Vorabinformationen bekommen.
Für jeden richtig erratenen Gegenstand gibt es einen Punkt. Wer am Ende die meisten Punkte „gehamstert" hat, ist Sieger des Spiels.

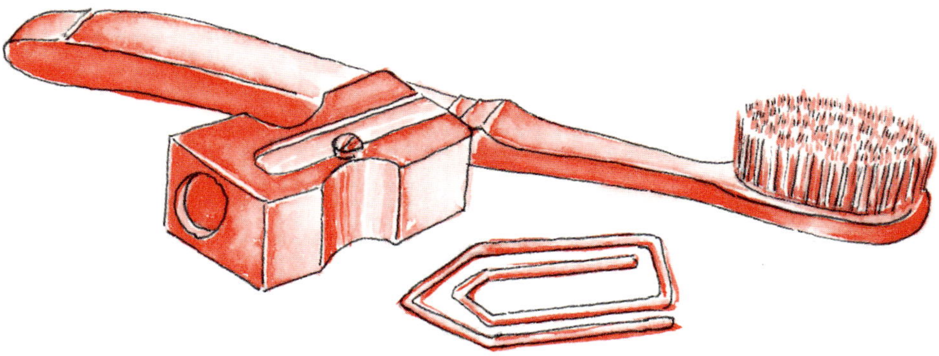

230

Guck-Kim

Wir brauchen:
- **einige Farbstifte**
- **ein paar Spielfiguren**
- **ein paar Modellautos**
- **etwas Knete**

Legen Sie alle Gegenstände auf den Tisch. Alle dürfen sich diese genau anschauen. Der älteste Mitspieler wird hinausgeschickt. Während er draußen ist, nimmt man einen kleinen Gegenstand weg oder fügt einen hinzu. Rät er, was verändert wurde, wenn er nun wieder hereinkommt? Dann hat er einen Pluspunkt auf seinem Spielkonto. Der Zweitälteste wird rausgeschickt. Wieder wird etwas weggenommen oder hinzugefügt. Zuletzt ist der Jüngste dran.
Die vorgeschlagene Reihenfolge hilft den Jüngeren, das Spiel besser zu verstehen.

Gerüche raten

231

Die Joghurtbecher werden so gut gereinigt, daß ihnen keinerlei Geruch mehr anhaftet. Daraufhin werden sie mit den vorbereiteten Zutaten gefüllt und schließlich mit Hilfe der kleinen Baumwollstofflappen und der Gummiringe verschlossen.
Bevor das Spiel seinen Anfang nehmen kann, schicken Sie die Kinder hinaus. Das erste Kind kommt und darf der Reihe nach an den Bechern schnuppern und raten, was da wohl drinnen ist. Für jeden richtig erratenen Duft gibt es einen Punkt.
Der nächste, bitte!

Wir brauchen:
- **5 Joghurtbecher**
- **5 ca. 8 x 8 cm große Stücke dünnen weißen Baumwollstoff**
- **5 Gummiringe**
- **1 Stange Vanille**
- **1 Becher Senf**
- **1 Zwiebel**
- **1 Beutel Pfefferminztee**
- **1 Stück Kernseife**

Nasenkette

232

Sie sitzen mit den Kindern im Kreis oder um den Tisch herum. Sie stecken sich die Hülle einer Streichholzschachtel auf die Nase. Und nun versuchen Sie, diese dem Kind links von Ihnen weiterzugeben. Das muß die Schachtel selbstverständlich auch mit der Nase annehmen und an seinen linken Nachbarn weitergeben.
Fällt die Hülle runter, dann müssen Geber und Nehmer je ein Pfand abgeben.

Wir brauchen:
- **1 Streichholzschachtel**

Kleiderständer

233

Zwei Mannschaften sitzen sich – jede in einer Reihe – auf Stühlen oder auf dem Boden gegenüber. Wer ganz rechts in seiner Mannschaft sitzt, erhält eine Mütze, einen Schal und ein Paar Handschuhe.
Nach einem Startsignal („Auf die Plätze – fertig – los!“) muß jeder dieser beiden Mitspieler Mütze, Schal und Handschuhe ordentlich anziehen, aufstehen, um die Reihe seiner Mannschaft herumlaufen, schließlich alles wieder ausziehen und es an den nächsten der Reihe übergeben.
Welche Mannschaft ist als erste fertig?

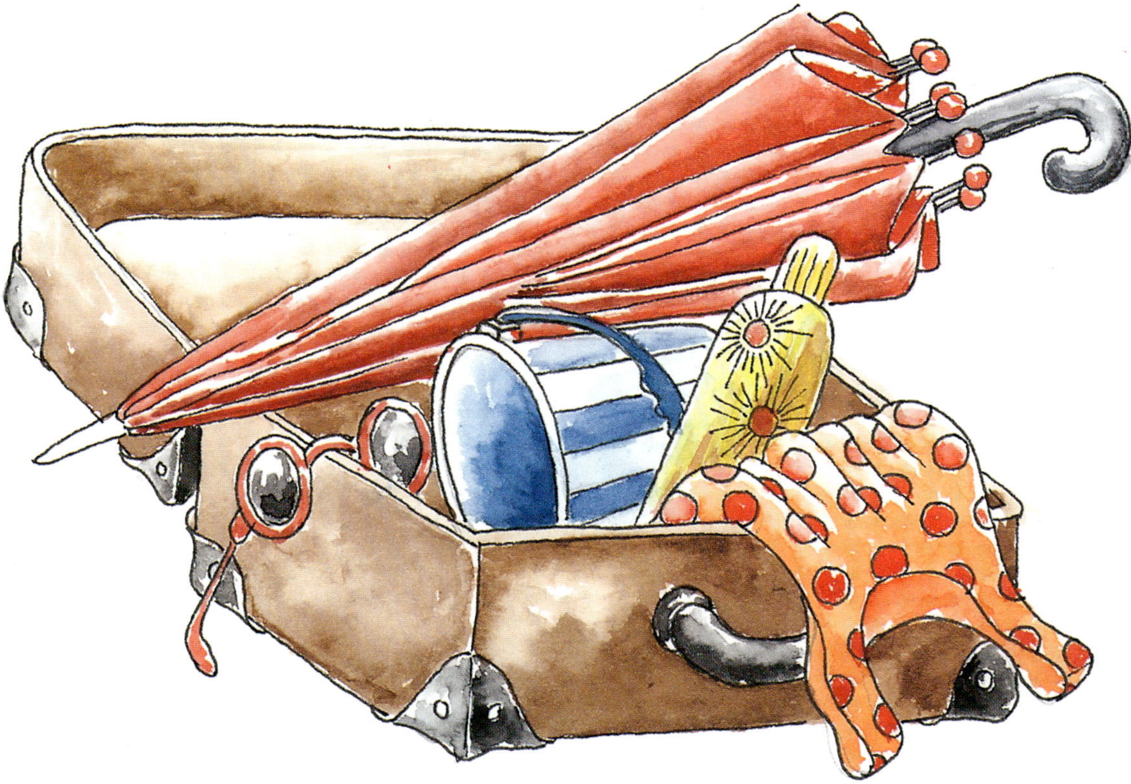

234

Koffer packen

Wir brauchen:
- **2 Mützen**
- **2 Schals**
- **2 Paar Handschuhe**

Einer beginnt, seinen Koffer zu packen. Er erklärt: „Ich fahre in die Sonne und nehme meine Sonnenbrille mit!" Sein linker Nachbar muß etwas Passendes dazupacken. Er verkündet also: „Ich fahre in die Sonne und nehme meine Sonnenbrille und meinen Badeanzug mit!"
Der nächste packt wieder etwas Passendes dazu. Er muß alles bereits „Eingepackte" in der richtigen Reihenfolge wiederholen und seinen neuen Gegenstand hinzufügen: „Ich fahre in die Sonne und nehme meine Sonnenbrille und meinen Badeanzug und meine Sonnencreme mit!" Nach und nach werden Sonnenschirm und Landkarte dazugepackt, aber auch eine kurze Hose oder ein leichtes Kleid, ein Sommerpulli usw. Wer einen bereits im „Koffer" befindlichen Gegenstand in seiner Aufzählung vergißt, muß ein Pfand abgeben.

Soll man Kinder gezielt auf die Schule vorbereiten?

Die Spiele in diesem Buch unterstützen und fördern die Entfaltung des Kindes. Viele stärken die Muskeln oder machen geschickter, viele regen zum Denken, zum Sprechen und zum Gestalten an. In fast allen bleibt breiter Raum für die kindliche Phantasie. Vor allem aber: Viele Spiele sind Anlaß, mit anderen in Kontakt zu kommen.

Die beste Vorbereitung auf die Schule besteht im intensiven Spielen und Anschauen von Büchern. Setzen Sie keinen falschen Ehrgeiz daran, Ihrem Kind verfrüht das Lesen und Rechnen beizubringen.

Es gibt wenige Spiele, die nur allein Spaß machen. Fast alle verlangen nach Spielpartnern. Für das Baby sind das die Eltern. Für das Krabbelkind sind das manchmal, für das Kindergartenkind sehr häufig andere Kinder. Das ist bereits eine gute Vorbereitung auf das, was in der Schule erwartet wird – es ist aber sicher nicht alles.

Das Kind sollte außerdem schon vom zweiten Lebensjahr an nach Herzenslust in Büchern „schmökern“, das heißt immer wieder ganz viele Bilderbücher anschauen dürfen. Das müssen nicht nur die künstlerisch wertvollen sein, für die sich Kinder meist nicht ganz so erwärmen können wie die Erwachsenen. Sicher, davon sollte es auch möglichst viele haben. Aber daneben darf es auch ein paar besitzen, die Erwachsene so richtig kitschig finden. Denn das Kind liebt meistens gerade diese.

Es muß zunächst die Bücher haben, die ihm Spaß machen. Die Bücher brauchen nicht alle gekauft zu werden. Einen Teil kann man in der Bücherei leihen.

Jede weitere konkrete Vorbereitung auf die Schule ist nicht

Unvermeidbar: Lernen, auf der Straße aufzupassen.

Die einzige konkrete Vorbereitung auf die Schule, die wirklich unvermeidbar ist: Das Kind muß lernen, sich im Straßenverkehr immer und grundsätzlich den Regeln entsprechend zu verhalten. Es muß also nicht nur Verkehrsregeln lernen, sondern auch, wie es gezielt für seine eigene Sicherheit auf der Straße sorgen kann und muß. Und es soll erfahren, daß sich jeder im Straßenverkehr verantwortungsbewußt zu verhalten hat.
Entschiedenes und klares Grenzensetzen ist hier von besonderer, nämlich lebenserhaltender Bedeutung. Hier geht es um die Sicherheit des Kindes, um sein Leben und um seine Unversehrtheit.

besonders sinnvoll. Das Kind muß vor der Schule nicht schreiben, lesen, rechnen können. Im Gegenteil: Es kann sogar hinderlich sein, wenn es das schon kann. Nicht nur für den Lehrer. Es erkennt schnell, daß es mehr kann als die anderen, daß es da etwas erklärt bekommt, was es längst weiß. Da gibt es sich lieber seinen schönen Träumen hin! Und plötzlich kommt doch etwas Neues im Unterricht, was es dann nicht aufnimmt. Und ehe man sich's versieht, sind diese Kinder gar nicht mehr bei den guten Schülern zu finden. Außerdem wird sich bei allen besonders gut vorbereiteten Kindern die Erkenntnis festsetzen: Schule ist langweilig. Das sollten Sie dem Kind ersparen. Denn die Voraussetzung dafür, gut zu lernen, ist, gern zu lernen.

Neugier ist der entscheidende Motor jedes Lernens. Deshalb müssen Kinderfragen eine Antwort finden!

Jedes Kind ist außerdem von Natur aus neugierig. Auch das ist ein entscheidender Faktor für das erfolgreiche Lernen. Es ist darum unglaublich wichtig, daß Eltern auf die vielen und manchmal anstrengenden Fragen ihres Kindes antworten und außerdem dem Kind ermöglichen, Unbekanntes allein auszuprobieren. Damit wird der kindliche Wissensdurst erhalten und gefördert – die beste Vorbereitung auf die Schule. Denn wer sich die Neugier – das Interesse an allem, was er nicht weiß – erhält, wird immer allem Wissenswerten auf der Spur bleiben.

Und wenn so ein neugieriges Kind an jedem Straßenschild, an jedem Schaufenster, an jeder Litfaßsäule stehenbleibt und fragt: „Was steht da drauf?"

Dann fühlen Sie sich nicht in einer Zwickmühle. Denn Fragen gehören beantwortet. Auf jeden Fall. Wenn das Kind auf diese Art zu lesen lernt, wird das seinen Lernhunger in der Schule nicht besonders beeinflussen. Denn das alles sind Wortbilder, die ein Kind niemals in den ersten Leselektionen wiederfinden wird. Und wenn es dadurch richtig lesen lernt, dann müssen Sie das als Herausforderung annehmen, Ihrem Kind durch zusätzliche Angebote dennoch die Freude an der Schule zu erhalten. Reden Sie mit der Lehrerin. Vielleicht kann Ihr Kind ja auch anderen Kindern beim Lesenlernen helfen. Oder sie gibt ihm kleine Zusatzaufgaben...

Auf keinen Fall sollten Sie Ihrem Kind schon vor dem Eintritt in die Schule Lese-Lernspiele oder dergleichen geben.

Lese-Lernspiele sind für Kinder, denen in den Grundschuljahren das Lesen schwerfällt, eine gute Sache. Für Vorschulkinder aber wären sie nur dann sinnvoll, wenn alle Kinder, die später in die gleiche erste Klasse gehen, auf diese Weise vorbereitet würden.

Wenn Ihr Kind neugierig ist, also viel fragt, wenn es begeistert mit anderen Kindern spielt, wenn es sich eine Weile ins Spiel versenken kann, wenn es im sechsten Lebensjahr dann auch schon spielend gelernt hat, bestimmte Aktivitäten zu planen, wenn es Freude am Bücherbegucken hat, gern malt, bastelt oder modelliert, dann können Sie mit Zuversicht in die schulische Zukunft Ihres Kindes schauen.

Anhang: Checklisten

Einrichtungs-Check

Ist Ihre Wohnung kindersicher?

Die meisten Kinderunfälle passieren in den eigenen vier Wänden. Und fast immer hätten sie sich vermeiden lassen. Beantworten Sie sich die folgenden Fragen. Dann wissen Sie, wo bei Ihnen noch Gefahrenquellen schlummern, die schleunigst beseitigt werden sollten.

1 Haben Sie in allen Räumen alle Steckdosen kindergesichert?

ja nein

2 Haben Sie alle Fenster mit Fenstersicherungen versehen?

ja nein

3 Ist ein Herdschutz angebracht?

ja nein

4 Sind Vorhangschienen sicher an der Wand befestigt (Kinder ziehen sich gerne an Vorhängen hoch!)?

ja nein

5 Haben Sie – zumindest im Kinderzimmer und wo die Kleinen sonst noch gelegentlich unbeaufsichtigt spielen – Schutzgitter vor den Heizkörpern?

ja nein

6 Haben Sie im Kinderbad eine Kunststoffmatte als Rutschbremse für die Wanne und/oder die Dusche?

ja nein

Verhaltens-Check

1 Stellen Sie alle Elektrogeräte stets sofort nach Gebrauch ab, und nehmen Sie den Stecker aus der Steckdose?

ja nein

2 Räumen Sie alle spitzen und scharfen Gegenstände nach Gebrauch sofort – für das Kind unerreichbar – zur Seite?

ja nein

3 Lassen Sie Töpfe mit heißem Wasser, mit heißer Suppe o. ä. wirklich immer nur auf der gesicherten Herdplatte stehen?

ja nein

4 Bewahren Sie Putzmittel, Kosmetika, Medikamente, Alkohol, Zigaretten und Plastikbeutel immer für Kinder unerreichbar auf?

ja nein

5 Verzichten Sie beim Essen auf die Tischdecke? Oder wenn Sie das nicht mögen: Fixieren Sie die Decke stets mit Deckenklemmen?

ja nein

6 Wenn Wasser oder Fett auf den Boden gespritzt ist: Beseitigen Sie sofort die rutschigen Spuren?

ja nein

7 Haben Sie alle Türen „entschärft"? (Kleine Kinder spielen für ihr Leben gern mit Schlüsseln, und da könnte es passieren, daß sie sich oder ihre Eltern einschließen.)

ja nein

Verhalten Sie sich kindersicher?

Wenn Sie alle diese Fragen mit Ja beantwortet haben, liegt die Vermutung nahe, daß Sie sich ein bißchen was vorgeflunkert haben.
Oder Sie sind ein unübertrefflicher Sicherheitsfanatiker.
Wenn Sie auf Seite 188 eine Frage mit Nein beantworten mußten, holen Sie bitte gleich das bisher Versäumte nach!

Spielplatz-Check

Ist Ihr Spielplatz kindersicher?

Bei Spielplätzen gibt es nie Anlaß zur Entwarnung. Immer wieder gibt es Schäden an Spielgeräten und Dreck im Sandkasten. Darum sollten Sie den Spielplatz, den Sie mit Ihrem Kind aufsuchen, immer mal wieder genau in Augenschein nehmen. Nehmen Sie dafür diese Checkliste zu Hilfe. Die 13 Fragen sollten Sie alle mit Ja beantworten können.

1 Haben alle Geräte, von denen Kinder aus mehr als 2 Meter Höhe fallen können, weiche Untergründe, also Sand oder elastische Dämmplatten?
ja nein

2 Sind an allen Geräten die Ecken und Kanten abgerundet? (Achten Sie auch besonders auf die Enden der Rutschbahnen!)
ja nein

3 Gibt es keine Metallteile, die angerostet, und keine Taue, die angescheuert sind?
ja nein

4 Sind alle Holzteile splitterfrei und frei von Spaltrissen?
ja nein

5 Haben Sie sich davon überzeugt, daß nirgendwo Nägel oder Schrauben herausschauen?
ja nein

6 Beträgt der Abstand von schwingenden Teilen, also von Schaukeln, zu Mauern, Bäumen oder anderen Spielgeräten mindestens 2 Meter?
ja nein

7 Sind die Kettenglieder bei Schaukeln und anderen Geräten höchstens 6 Millimeter breit, so daß keine Gefahr fürs Einquetschen von Kinderfingern besteht?
ja nein

8 Sind die Schaukeln sicher und stabil befestigt, so daß beispielsweise die Ketten nicht reißen können?
ja nein

9 Ist das Geländer der Rutsche mindestens 15 Zentimeter hoch?

ja nein

10 Hat die Rutschbahn keine spitzen Winkel, in denen kleine Kinder hängenbleiben und von nachrutschenden Kindern verletzt werden können?

ja nein

11 Haben alle Wippen dämpfende Aufschläge (etwa Reifenteile)?

ja nein

12 Ist dafür gesorgt, daß der Sand im Sandkasten wenigstens einmal im Jahr ausgetauscht wird?

ja nein

13 Ist das Gelände ausreichend vor der Straße geschützt (etwa durch eine dichte Hecke und durch Tore mit hochsitzenden Türgriffen), so daß die Kinder nicht plötzlich vor ein Auto rennen können?

ja nein

Wenn Sie eine der Fragen mit Nein beantwortet haben, sollten Sie bald für Abhilfe sorgen. Schäden, auch Hundekot im Sandkasten und andere Verschmutzungen, melden Sie dem Träger des Spielplatzes. Bis der Schaden behoben ist, besuchen Sie lieber einen anderen Spielplatz!

Register

A
Aggression 92, 145
Auto 149 ff., 182
Autonomiealter 84
B
Babyzentrum 45
Badespielzeug 25, 60, 114
Badewanne 18 f., 39 f., 112
Ballspiele 41, 53, 55 ff., 108, 114, 177
Bauen 76 ff., 122
Bilderbuch 46, 72 f., 185
Boot 19, 146 f.
D
Doktorspiel 146 f.
E
Eisenbahn 149 ff.
F
Fingerfarben 20, 79, 97, 99 f., 104, 112
Fingerpuppe 156
Fingerspiel 37
G
Greifspielzeug 25
H
Handspielpuppe 154 f.
Holzbausteine 34, 36, 42, 74, 76 ff.
I
Instrumente 107
K
Kasperltheater 152
Kassettenrekorder 13, 71, 172, 181
Kaufmannsladen 138
Kneten 80 f., 104
Krabbelspiel 25 f.
L
Lese-Lernspiel 187
Lied 16, 35 f., 39
M
Malen 79 ff.
Marionette 152 f., 157 f., 159
Massage, indische 17
Mienenspiel 13, 27
Mobile 21
P
Phase
– anale 148
– orale 148
Phantasiefreund 97 f.
Phantasiespiele 94 ff.
Post 139
Puppe 22ff., 94 ff., 134, 140, 152 ff.
Q
Quietschtier 30
R
Rassel 19, 29, 43, 70
S
Sauberwerden 59
Schwimmen 31, 60 ff.
Spiegelspiel 47
Spielplatz 190
Spieluhr 168
Sprechenlernen 72 ff., 84 f.
T
Tanzen 71
Trotzalter 84 ff., 89 ff., 132
Turnen 109
U
Übergangsobjekt 96
Umzugskarton 138, 142, 144
V
Verse 67 ff.
Vorschulzeit 162 ff., 185 ff.
W
Wickelspiel 27
Wiege 15